Sales Skills

女性が営業力・販売力をアップするには

Ryuho Okawa
大川隆法

for Women

まえがき

一見易《いっけんやさ》しそうで、実は難しいテーマに挑戦してみた。しかも、ワーキング・プアーといわれる、非正規雇用の低所得層子持ち女性が増え続けている現在であればこそ、本書のテーマはますます重要になってくるだろう。

形態はちがえども、「また、あなたから買いたい」と思わせるサービスの極意《ごくい》を身につければ、花も実もある人生を生きることができるだろう。

大切なことは、不況だから自身の給料が減っているのでも、社会制度が悪いから自分が不幸になっているわけでもないことを悟ることだろう。

繰り返し、買ってくださる人を創り出し、繰り返し、サービスを喜んでくださる方を創り出すスキルを身につければ、道はいくらでも拓《ひら》けるのである。本書はビジネスの現場を意識しつつも、「人に好《す》かれる術」を説いた本である。

二〇一五年　五月二十九日

幸福《こうふく》の科学《かがく》グループ創始者兼総裁《そうししゃけんそうさい》　大川隆法《おおかわりゅうほう》

女性が営業力・販売力をアップするには

contents

2015年 4月13日
幸福の科学 特別説法堂《せっぽうどう》にて収録

chapter 1

「営業力・販売《はんばい》力」が必要な理由　13

chapter 2

「営業・販売」を成功させる基本ルール

chapter 3

chapter 4

記憶力《きおく》・情報力を駆使《くし》する「プロフェッショナルの仕事術」 75

chapter 5

営業・販売に必要な「人物を見抜《みぬ》く力」 91

chapter 6

お客様の心を開《ひら》かせる、とっておきの方法

chapter 7

Q&A「女性の強み」を活《い》かした営業のコツ 129

chapter 8

chapter

1

「営業力・販売《はんばい》力」が必要な理由

Sales Skills for Women

1

「営業力・販売力《はんばいりょく》」が仕事を意味のあるものにする

本書のテーマは、実は、「幸福の科学においても、いちばんの課題ではないか」と思っていることでもあります。

本当は、「男性」も含《ふく》めて問題があるところではあるのですが、今回は、今まで私が「外で見てきた女性たち」についての感想、すなわち、「営業する女性、販売《はんばい》する女性、サービスをしている女性などを観察して、どのように感じたか」というあたりから、できるだけ話を組み立てていきたいと思います。

仕事で、ものをいくらつくっても、売れなかったらそれまでです。お金を使って在庫ができ、それが無駄《むだ》になります。要するに、仕事自体が何にもならないので、お金の無駄になるわけです。

したがって、ものをつくるに当たっては、もちろん、「売れるもの」をつくらなくてはいけないわけですが、「売れるもの」をつくっても、それを「売り込《こ》める人」がいなかったら、やはり売れないのです。

そこで、本書では「営業」や「販売」に関する話をします。

Point

「売れるもの」をつくっても、「売り込める人」がいなければ、結局、売れずに無駄になる。

Sales Skills for Women

2

「生活必需品《ひつじゅひん》ではないもの」を売るのは難しい

生活必需品《ひつじゅひん》で、どうしても買わなくてはいけないものであっても、競合するライバル店がないようなところでの営業、例えば、町に一軒《けん》や村に一軒のスーパーのようなお店での営業と、競争が激しいところでの営業とでは、当然、違いがあると思います。

さらに、もっとレベルが高いというか、難しいのは、要するに、「必需品ではないものを人に買っていただくこと」です。

生活必需品を買うのは、ある意味で分かります。暑い夏には、エアコンや扇風機《せんぷうき》がよく売れます。うちわも売れるでしょう。それは分かりますが、「必要がないものを売る」ということは、とても難しいことなのです。

それは、高級品やラグジュアリー品、趣味《しゅみ》・嗜好《しこう》のものなどです。そういうものは、なくても困りませんし、死にはしませんし、どうということはないのです。そういうものを好むセンスを持っていなければ、別に「必要だ」とは思わないものです。

女性であっても、そういうものを必要だと感じない人は制服を好みます。同じ制服を全員が着ていれば違いがないからです。ただ、「制服ではない場合にどうするか」ということは、人によって、それぞれ違いがあります。

例えば、キャビン・アテンダント（客室乗務員）の女性の制服姿は、みな、とても素晴《すば》らしいものですが、私服になったときには、センスの差は出てきます。「休日に、どういう服を着ているか」ということは人それぞれです。そこは「見られない部分」かもしれませんが、個人的なセンスの差は、やはりあるでしょう。

本書の話は、どちらかというと、「誰《だれ》もが、しかたなく買わざるをえないもの」や「無理やり押《お》し付けられるサービス的なもの」とは反対のものに関する話になると思います。

Sales Skills for Women

3 「刑務所《けいむしょ》」や「病院」の管理型サービス

ここで、「無理やり押し付けられるサービス」について、幾《いく》つか例を挙げてみましょう。

例えば、刑務所《けいむしょ》の看守《かんしゅ》が囚人《しゅうじん》に提供する三食です。これに関しては、囚人のほうは選びようがなく、差し出されたものを食べる以外に方法はありません。

囚人はお客様ではないので、囚人がそれを完食しようと、半分残そうと、まったく食べなかろうと、それは看守には関係のないことであり、それを定時に出して定時に下げればよいだけです。

刑務所の看守まではいかないけれども、それにやや近いサービスをしているのは、国公立系の大学病院や、それに類似の病院です。あまり経営に意識がない病院には、ほぼ同じ傾向《けいこう》があります。

病人として、いったん入院し、識別する番号の入ったものをカシャッと手に付けられてしまうと、もはや〝囚人〟とほぼ同じ状態になります。それを外してもらわないと病院から出られなくなり、相手のする〝サービス〟から逃《に》げようがなくなります。

そして、手錠《てじょう》の代わりが点滴《てんてき》です。病院では、まず点滴をします。あれは手錠の代わりなのです。あれで針を刺《さ》されると、一メートル四方ぐらいしか動けなくなるので、「完全管理下」に置かれることになるのです。

そのあとは、注射を打つなり、薬を出すなり、いろいろとありますが、そうした意味では、病院は一種の〝恐怖《きょうふ》産業〟でしょう。

医者は、相手にとってよいことを、まず言いません。たいてい、もっと悪くなるようなことを言うのです。「刑務所から出られないぞ」と言うのと同じように、「病院から出られない」ということを、一生懸命《いっしょうけんめい》、説得し、「いかに病状が悪いか」ということを言って、注射や薬などによる治療《ちりょう》が大事であることを伝えようとします。

これは恐怖によって相手を硬直《こうちょく》させる〝サービス〟なので、一般《いっぱん》的な会社での営業とは、まったく関係のないやり方だと思います。

このように、医者のやり方は、どちらかというと、「恐怖心によって相手を説得している」というかたちになります。

一方、刑務所の場合には、「恐怖心」によるのではなく、単なる「法律に基《もと》づく管理」ということになります。

Sales Skills for Women

4 定型フォームどおりの「役所」のサービス

これらと同じようなものとしては、役所があります。

役所には、お金を儲《もう》けなくてはいけない理由が特にありません。税金というかたちで税務署が収入をあげてくれさえすれば、そのお金が予算として回ってきて、それを年度内に消化することが仕事になっています。

役所では、「お客様にたくさん来てもらえるよう、サービスをよくする」というようなことは、基本的にはなく、「面倒《めんどう》くさそうにサービスをする」というかたちが普通《ふつう》です。相手に便利なように工夫《くふう》したり努力したりすることは、よほどのことがないかぎり、ないでしょう。「定型フォームで前例どおりにやる」というのが基本です。

「地位があるかないか、収入が高いか低いかなどで特に差をつけず、誰に対してもポーカーフェイスで相対《あいたい》する」というのが、いちおう役所の基本スタイルです。「相手の立場や身分、収入をまったく考慮《こうりょ》しない」というのが、役所の役所たるところであり、これで、「すべての国民に対して〝平等〟に接している」ということになるのだろうと思います。

もちろん、例外はあります。役所でも、「すぐやる課」のように、何か依頼《いらい》が来たら、すぐに動くように努力しているところもあるので、全部が全部とは言いませんが、それは、やはり〝異端《いたん》〟の部分だろうと思います。そういうことを、一部、ＰＲのためにやっている場合もあります。

Sales Skills for Women

5 「交番の仕事」は「お寺の仕事」に似ている?

また、警察の交番にも非常に親切なお巡《まわ》りさんがいることもありますが、何かのキャンペーンを張っている場合でもなければ、お巡りさんが人の目のあるところにいるというのは、危ない面もあるでしょう。

ただ、日本のように犯罪率が低いところでは、交番であっても、「ややお寺に似ている」という言い方もされ、宗教家と警察官とがよく似ているところもあります。

交番では、「人殺しがあった」ということで駆《か》けつけるような仕事はめったになく、たいていは、道を訊《き》かれたり、「落とし物をした」「子供が迷子《まいご》になった」「隣《となり》の家で、すごい喧嘩《けんか》をしているようだ」などということばかりなので、「交番のお巡りさんの仕事」には、意外と「宗教家の仕事」に似ているところがあります。

交番には、そういう相談事がすべて集まってきます。財布《さいふ》を落とした人も来ますし、傘《かさ》をなくした人も来ます。電話をかけるお金がなくなった人がやってくることもありますし、道に迷った人もやってきます。いろいろなことで人がやってくるのです。

そういう意味で、交番には、よろず相談所のようなところがありますが、一般的には、それほどサービス的なものではないと思います。

自衛隊にも、その傾向はあるでしょう。災害救助等でしっかり働くことで、国民に税金部分の負担感を感じさせないようにしているのではないかと思います。

Sales Skills for Women

6

「学校」の競争力・営業力が弱いわけ

学校にも似たような面があります。

通う学校を自由に選べる場合には、少し競争が働いてくるので、学校にとっては厳しいのですが、「その学区内に住んでいる人は、ここに通わなくてはならない」という場合だと、競争が働かないこともあります。

そういう学校では、生徒が授業中に寝《ね》たり遊んだり、授業を放棄《ほうき》して外へ出ていったり、学校を休んだりと、いろいろなことをし始めます。

そして、塾《じゅく》を選んだりするようになってくるのです。

このように、「強制力が働くところや公権力があるところ、収入、収益について特に考える必要がないようなところでは、基本的に、営業マインドというか、営業や販売についての職業訓練があまりない」と言ってよいと思うのです。

学校にも、一般的には、そういう営業力はありませんが、私立の学校のなかには、学校の名前を上げ、進学率も上げて評判を取ろうと努力している学校もあります。それによって人気《にんき》が出て人が集まったりする学校も一部ありますが、やはり例外であり、たいていの場合には、そうではないことが多いのです。

Sales Skills for Women

7

「営業マインド」が求められる時代が来ている

そういうわけで、学校というものは普通、潰《つぶ》れないことになっていたのですが、今、少子化の時代になって、学校でも、とうとう統廃合《とうはいごう》が進み、何千校も潰れるような状況《じょうきょう》になってきています。

また、その地域に「店が一軒《けん》しかない」「旅館が一軒しかない」というようなことで、やや威張《いば》っていたというか、驕《おご》っていたところは、競争が激しくなってくると潰れるでしょう。

旅館等が、「うちは今まで、うまく回っている」と言っても、その一帯にお客様がたくさん来るような事態になって、別の旅館が建ち、そちらのほうにお客様を取られると、あっという間に潰れてしまうことがあります。

これは、「予期しない事態が起きた」ということでしょう。

いろいろと例を挙げましたが、今まで、「営業マインド」「販売マインド」「サービスマインド」等が必要ではなかったところも、これからは、そういうマインドを入れないと、生き残るのは難しいのではないかと思います。

Point

これからの時代、どのような業種でも、
「営業マインド」「販売マインド」
「サービスマインド」がないと生き残るのは難しい。

Column

「ヒットするかどうか」が感覚で分かる能力を磨《みが》こう

特に私が述べておきたいのは、「今は、全体的に、感性的なもの、感覚的なものが非常に優《すぐ》れている会社が生き延びている」ということです。

「感性や感覚でもって、ヒットすることが分かる」ということが非常に大きいように思います。

したがって、「これはヒットするか」「これは、どの程度の人の目に触《ふ》れ、総合的にどういう判定を受けるか」ということが見えるかどうかです。こうした感覚を持つことが非常に大事なのです。

この能力に関しては、ある意味で、男性よりも女性のほうが優れていることもありえますし、鍛《きた》えることも可能です。

「自分の友達がどう言うか」ということだけではなく、「これを多くの人が使ったら、どう感じるか」、あるいは「ターゲットの年代層・購買層《こうばい》の人たちからは、どう見えるか」ということが分かる目を持っている人は、希少価値があり、非常に大事な存在です。こういう人こそ、今、ほとんどあらゆる業種において、必要とされている存在なのです。

例えば、テレビ局では、ディレクターやキャスターなどで、優秀《ゆうしゅう》な才能を持った人になると、番組を放映している最中に、「今、視聴率《しちょうりつ》が何パーセントぐらい取れている」ということが、感覚で分かるそうです。

まるで霊能力《れいのうりょく》のようですが、スタジオのなかにいるだけで、「おそらく、今は××パーセントぐらいだろう」ということが分かるようになれば、その人は「腕利き《うできき》」と言えるわけです。

Column

こういう能力があれば、例えば、会社で何か商品を売り出したときでも、「この商品は、どの程度、人気が出て売れるか。あるいは返品があるか」ということが分かるようになっていきます。

霊的な修行《しゅぎょう》は、意外に、仕事や経営に効いてくることがあるのです。

『不況《ふきょう》に打ち克《か》つ仕事法』より

女性に与《あた》えられた「信じる」という才能

女性には男性以上に優れた才能があります。それが「宗教的才能」なのです。「信ずる」という力です。「目に見えない世界を知る」という能力です。これが女性特有の感受性なのです。

男性が万巻《まんがん》の書を読まなくてはなかなか信じられないことを、美しい心でもって一瞬《いっしゅん》にして感じとる能力が女性には与《あた》えられているのです。

『幸福のつかみ方』より

c h a p t e r

2

「営業・販売《はんばい》」を成功させる基本ルール

Sales Skills for Women

1 必需品《ひつじゅひん》以外の「商品」や「サービス」を売るには

前章で例に挙げたような、まったくサービスが要《い》らないようなところや、強制力によって仕事ができているようなところ、予算を消化するだけのところは別にして、普通《ふつう》の私企業《しきぎょう》というか、民間企業では、何らかのかたちで「商品」はあると思います。

民間企業では、その「商品」ないしは「サービス」を提供して、お客様、顧客《こきゃく》に、商品の代金なり、サービスの代金なりを払《はら》っていただかなかったら、働く人の給料は出ませんし、会社は潰《つぶ》れ、倒産《とうさん》することになります。

このように、「自由競争の結果、淘汰《とうた》されていく」という厳しさのなかで、民間企業は、みな、しのぎを削《けず》っているわけです。

どこも、「自分のところが最高だ」と思ってはいるのですが、「結局は淘汰されていく」というのはよくあることです。

必需品《ひつじゅひん》を売ったり、どうしてもそこから抜《ぬ》けられない状況《じょうきょう》にある人に対応したりするのは、「マニュアル型」で可能です。

しかし、必需品ではない、「それがなくても、相手は別に困らないし、死にもしない」というものを売る場合、例えば、「ステータスシンボルとして必要だ」「もっと美しくなりたい」「美的な感覚を持ちたい」「人から尊敬されたい」「イメージをアップしたい」など、いろいろと別の要素が加わって、そこに商品やサービスを提供する場合になると、難度が上がってきます。

そのような商品やサービスは、基本的に相手には必要がないものです。お米やパンとは違《ちが》って、値段が高ければ買わなくても済ませられますし、ほかのものでも代替《だいたい》は可能です。

そういう意味では、「スキル」（訓練を通じて身につけた能力）というものがそうとう大事になってきます。

Point

必需品ではないものを売る場合、「スキル」が大事になる。

Sales Skills
for *W*omen

2

「日々の仕事」や「ノルマ」の捉《と ら》え方

ですから、「女性の営業」といっても、営業には、実は、「人生の総合戦」のようなところがあるのではないかと思います。

勉強したことや経験したこと、特に、耳学問で習ったこと、すなわち、上司から言われたことやお客様から教わったことなど、「人間学や人生学の総決算」として、日々の仕事があるように思うのです。

たいていの会社では、各部、各セクションに目標必達の数字があり、そこに所属している人一人ひとりに、能力の差に応じて、「今月のノルマ」というものが、だいたいあります。

そういうノルマを全員が持っているわけですが、基本的に、「そのノルマは、自分の背中には〝貼《は》って〟あっても、お客様には見せない」というかたちになっています。自分で思うだけで、それをお客様に言うわけにはいきません。そのあたりの難しさがあるわけです。

ノルマを感じさせないで、それを達成していかなくてはいけないのですが、そのノルマ以上の仕事をした人には、どちらかといえば、昇進《しょうしん》圧力がかかってくることになるのです。

Point

営業は「人生の総合戦」であり、日々の仕事は「人間学や人生学の総決算」である。

Sales Skills for Women

3 「リピート客になるか」、二回目以降が勝負

「では、どうしたら営業力や販売力《はんばい》が上がってくるか」というところに、ポイントが来るだろうと思います。

それについて知っておいてもらいたいのは、次のようなことです。

例えば、渋谷《しぶや》駅前の交差点のようなところで、そこを通《とお》る人にものを売っている場合には、売り手は相手に認識してもらえないような状態です。

一方、お店やデパートなど、どこか特定の場所で、特定の人が何かを売っている場合には、相手がそれをアイデンティファイ、認識した上で、

「そこで買うかどうか」ということを考えるようになるので、お互《たが》いに、「相手を見て、どのように思うか」ということが非常に大事になってきます。

したがって、本当は、「一見《いちげん》さん」というか、一回限りのお客様にものを売るだけでは、営業力や販売力は分からないのです。

実際には、二回目以降が勝負になります。

一回目のお客様は、たまたま買ってくれることもあれば、通り過ぎていき、買ってくれないこともあります。これは、川で魚を釣《つ》るとき、「浮《う》きと餌《えさ》を付けて釣り糸を垂らしていたら、たまたま下を通った魚が食いついた」というだけのことです。

しかし、プロフェッショナルになると、やはり、だんだん、「釣れるポイント」が分からなくてはいけなくなってきます。

水温や気候、川の深さ、餌の種類など、いろいろなものを見て、「どのポイントに魚がいるか」がだいたい分からなくてはいけません。「ここで釣れる」ということが分かるようにならないと、プロの釣り師にはなれないのです。

同じように、営業・販売においても、やはり二回目以降が勝負になってきます。「二回目以降のお客様が止まるかどうか」ということが大事であり、それができると、実は営業力・販売力の強化につながるわけです。

これは、「『リピートのない商売』は基本的に発展しない。リピートがない一回きりのものだと、無限の競争にさらされる」ということです。「たまたま通りかかったため、その餌に食いついた」というだけの魚を相手にしているような商売は、無限の競争に永遠にさらされ続けます。同種類のものが永遠に出てきて競争を仕掛《しか》けられ、永遠に不特定の人を相手にしなくてはいけなくなるのです。

Point

「リピートのない商売」は発展しない。
営業・販売は二回目以降が勝負である。

Sales Skills for Women

4

「お客様を育てていく」という視点を持つ

これは、ものを売ることだけではなく、旅館やホテルでも同じだと思います。

やはり、リピートが土台としてあり、このリピートに、さらに「新規の人」を乗せていくと、必ず発展するのです。

ところが、リピートがなく、いつも新規ばかりで回転している状態だと、永遠に自転車をこぎ続けているような状態が続くことになるわけです。

したがって、「リピート客を、どれだけつくるか」ということが大事ですし、だんだん、そのリピート客との関係が深まり、取引額が大きくなっていくと、これは成功です。取引額が大きくなっていくリピート客をつくることができれば、新規開拓《かいたく》をしたのとまったく同じことが起きる上に、それは新規開拓よりも、もっと確実な方法です。

そこに、さらに、また新しいお客様をつくって、それを育てていき、だんだん大きくしていくことが大事なのです。

今、「お客様を育てていく」という言い方をしましたが、そういうかたちで、買ってくれる商品、あるいは使ってくれるサービスを提供しなくてはなりません。

例えば、航空会社には、JAL《ジャル》(日本航空)やANA《アナ》(全日空)など、いろいろありますが、会社側としては、お客様に使ってもらう回数が増えてくることが大事です。

飛行機でもホテルでも、感じがよかったら、「また使おうか」ということになるので、そのあたりが狙《ねら》いです。

お客様のほうは「選ぶ自由」を持っているのです。そのなかで自社を選んでいただくのは難しいことですが、ここが勝負になります。

ですから、プロフェッショナルとして、自分の収入を上げ、地位も上げていく方法の基本は、やはり「リピーターの養成」であり、リピーターをつくりながら、それとの関係を大きくしていくことが大事です。

その過程で、そのお客様から他《た》のお客様を紹介《しょうかい》されることもあれば、そうではない場合もありますが、新規の顧客も捕《つか》まえ、その顧客との関係も、また、だんだん大きくしていくのです。そのようなかたちを目指すべきでしょう。

Point

営業・販売を成功させるための3つのポイント

1

リピート客をつくる。

2

リピート客との取引額を
大きくしていく。

3

新規顧客を開拓する。

リピート客を「育て」つつ新規顧客を獲得し、
そのお客様をまたリピート客に育てていくことで、
事業は発展する。

Sales Skills for *Women*

5

接客を重ねるなかで「重要客」を見極《みきわ》める

いちばんいけないのは、能力以上にお客様がついてしまい、サービスが追いついていかなくて、失敗するようなケースです。これはよくないので、営業に関しては、そのあたりの「見切り」は極《きわ》めて大事です。「攻《せ》め方」と「退《ひ》き方」の見切りがとても大事なのです。

お店の場合、不特定のお客様が入ってくるため、こちらの自由になりません。いろいろな人たちが入ってくるなかで、客筋《きゃくすじ》を見分け、「接客時間を、どの程度に見切るか」ということを、相手に感じさせないようにしながら、上手に見極めていかなければならないわけです。

先ほど、魚釣りの話をしましたが、「このお客様は、どの程度、お買い上げになりそうか」というようなことを見抜き、「重点を置かなければいけない」と見たお客様については、ほかより時間をかけることが必要です。

重要客をほかの客と同じように扱《あつか》うと、その重要客は、要するに、「自分への扱いが下がった」と感じ、次回以降、だんだん足が遠ざかっていくので、そのあたりが大事なところだと思います。

つまり、最初は普通の営業の仕方と同じなのですが、二回目、三回目と、だんだん回数を重ね、お互いに手の内が分かってくるなかで、本領《ほんりょう》を発揮しなくてはならないのです。

Point

「重要客」を見抜いて接客に重点を置く、
「攻め方」と「退き方」の見切りが大事。

Sales Skills for Women

6

顧客《こきゃく》を〝信者《しんじゃ》〟に変える「ロイヤリティー・マーケティング」

これは、マーケティング用語で言うと、「ロイヤリティー・マーケティング」というものです。要するに、宗教と同じで、「顧客《こきゃく》を〝信者《しんじゃ》〟に変えてしまう」ということが、いちばんよいマーケティングなのです。

お客様自体が、その店の〝信者〟になる。あるいは、そこで営業している人の〝信者〟になる。信頼感《しんらい》を持っていただき、離《はな》れないようにするのがいちばん大事であり、これは宗教の原理とほとんど変わらないものです。

宗教でも、発展しない宗教においては、「信者が入っては、やめ。入っては、やめ」ということが繰《く》り返されています。ほとんどのところがそうです。

お金だけを目的にしている宗教の場合だと、たいていの場合、「その人から取れるだけのお金を取ると、あとは、いつやめていただいても構わない」というスタンスなので、「入っては、やめ。入っては、やめ」というかたちで、いつも洗濯機《せんたくき》のように回っている状態というか、大きくならない状態なのです。

教団を大きくしようと思えば、入った人が、だんだん、太いパイプで結ばれ、信頼感を深め、やめなくなっていき、さらには、新しい人に来てもらえて、その人も似た感じになっていくようでなくてはなりません。宗教も発展形態は同じなのです。

営業やサービスが下手《へた》な支部長や職員のいるところでは、だいたい、信者がどんどん離れていきます。

ところが、そういう人には、たいてい、信者が離れていくことの実感があまりない場合が多いのです。これは、「目先の仕事をさばけなくて、信者にうまく対応できていない」ということです。

そうしたことに気をつけることが大事です。

Point

顧客や信者に「信頼感」を持っていただき、離れないようにする「ロイヤリティー・マーケティング」で、ビジネスも宗教も発展する。

c h a p t e r

3

「お客様に信頼《しんらい》される営業員・販売《はんばい》員」の鉄則

Sales Skills for Women

1

「お客様が逃《に》げていく営業・販売《はんばい》」の特徴《とくちょう》とは

「お客様との信頼《しんらい》関係」のつくり方には、なかなか難しいところがあります。

まず、営業・販売《はんばい》の得意な人、上手な人の特徴《とくちょう》は何かというと、「いわゆる『押《お》し付け型の営業』をあまりしない」ということです。これが特徴としてあると思います。

もちろん、実際はノルマを背負っていて、「あと幾《いく》ら売らなくてはいけない」という状態ではあるわけです。

そのために、相手がそれを好もうが好むまいが、あるいは、相手に似合おうが似合うまいが、おかまいなく、「とにかく、自分のノルマ達成のためには、これを売らなくてはいけない」ということで、たまたま来た人に、それを売りつけると、どうなるでしょうか。

上手に言いくるめたら、買わせることはできるかもしれませんが、買ったあとに相手が「損をした」と思うと、そのあと、もう店に来なくなるのです。これではリピーターを逃《のが》すことになります。

ここが大事なところです。ノルマを消化したければ、どんな人にでも、同じものを売りたくなる気持ちになるのですが、ここで踏《ふ》みとどまる勇気がなければいけません。「相手に必要かどうか」「相手に似合うかどうか」「相手にふさわしいかどうか」ということを考えなくてはならないのです。

これは生活必需品《ひつじゅひん》のレベルとは少し違《ちが》うと思いますが、レベルが上がれば、化粧品《けしょうひん》であろうと何であろうと、同じことになるでしょう。服やネクタイなど、ほかのいろいろなものも同じになってくると思います。

Point

ノルマを消化しようとするのではなく、「相手に必要か」「相手に似合うか」「相手にふさわしいか」を考えよう。

Sales Skills for Women

2

「ごり押《お》し型の営業」では短期的な成果しか出ない

やはり、「相手の個性に合わせたサービスができるか。あるいは品物の選択《せんたく》ができるか」ということが極《きわ》めて大事になります。新幹線の車内販売や旅客機の機内サービスなどには、レベルの低い販売もありますが、それと同じようなことをしていたのでは、〝乗客〟は、だんだんいなくなってくるのです。

「一見客《いちげんきゃく》」が多い人は基本的に伸《の》びません。たまたま向こうが来るのを待っているだけでは駄目《だめ》で、だんだんに信頼関係をつくらなければいけないのです。

　このときに無理はしないことが大事です。相手にとって、「本当は似合わない」「本当はよくない」と思っているものを売るようなことをすると、信頼感を損《そこ》ねることになるため、相手は〝黙《だま》って消えていく〟というか、離《はな》れていくことになります。


　おそらく、それは、宗教においてもあると思います。

　当会にも、祈願《きがん》や研修、法話《ほうわ》、本など、いろいろなものがあります。それが相手に合い、相手にとって必要なものならよいのですが、そうではないものを、あまり繰《く》り返し勧《すす》めるようであれば、だいたい相手は離れていくのではないでしょうか。

「そのあたりの感覚は、あってしかるべきではないか」という気がします。

そういう意味では、「ごり押《お》し型の営業」は基本的に「リピーターが消えていく営業」であって、長い目で見れば損をします。短い目で見て、「その月だけ」「その週だけ」「その日だけ」などということであれば、たくさん売ることはできますが、長い目で見れば売上が減っていくのです。

そのため、ごり押し型の営業をしている人は、すぐに営業場所をどんどん替《か》えられていくかたちになると思います。

新しいところで、最初はガーッとやるわけですが、すぐに営業の数字が落ちてき始めるので、違うところに異動になることがよくあります。

そういう人の場合、開拓《かいたく》要員として使われることはありますが、リピーターがつかないと、長くはいられないことになるのです。

そういう意味での難しさはあると思います。

Point

「ごり押し型の営業」は、基本的に
「リピーターが消えていく営業」である。

Sales Skills for Women

3 よき営業員は、よき〝コンサルタント〟であれ

それと、やはり、「価値観の高め方」が非常に大事です。

相手に、「今日は、あなたに、この商品を買ってほしいのです。この商品が『あなたに買ってほしい』と思っているのです」「これは、あなたのためにつくられた商品なのです」という感覚を持っていただくことが大事なのです。

そのあたりは、いわゆる「押し売り」とは違うところです。「相手に、本当にその商品が合うかどうか」ということについては、良心に誓《ちか》って、

あるいは自分のセンスに誓って、できるだけ誠実でなければいけないと思うのです。

レストランなどには、その日の食材で料理長がつくる、「おまかせ定食」のような料理があります。それがどこまで成功しているのかは知りませんが、とにかく、「相手に何が合うか」ということを考え続ける習慣が大事です。

また、固定のリピート客がついてきた場合には、次に「構想力」が必要になります。

例えば、「このお客様は、こういうものをお買い上げになったので、これからいくと、夏ごろには、こういうものが必要になり、秋には、こういうものが必要になるのではないか」などと考えるのです。

何か新しい情報が入ったときもそうです。例えば、「お子様が大きくなって小学校に入学した」とか、「大学に入った」とか、「社会人になった」とかいうときには、そこに新しいニーズが必ず出てきます。

あるいは、「引っ越《こ》しをした」「車を買った」など、相手と話をしている間に何か情報が入ってくるので、その情報を分析《ぶんせき》し、「今、何が必要だろうか」ということを、相手の代わりに考えることが大事になります。

したがって、よき営業員は、よき〝コンサルタント〟でもなければいけません。その家庭、ないしは、ご主人や奥《おく》さんなど、買う人についた「個人アドバイザー」ぐらいの気持ちにならないといけないわけです。

Point

営業員はお客様の情報を分析し、必要なものを考える、「コンサルタント」や「個人アドバイザー」のような気持ちを持とう。

Sales Skills for Women

4 「お客様が商品を使う場面」を考えてみる

コンサルタントやアドバイザーとしての面が必要なものとして、服などは典型的でしょう。

「似合うか、似合わないか」というのは決定的なことです。「売り場のプロが『似合う』と言っているのだから、似合うと言ったら似合うのだ」といくら言われても、似合わないこともあります。

「似合う」と言われて「そうかな」と思い、説得されて、買って帰ってきても、その服を着て学校の授業参観に出かけたり、友達と会ったりしたときに、「あなた、何それ。すごい格好をしているわね」とか、「それ、ずいぶん時代遅《おく》れね」とか言われることがあります。

逆に、身に着けているものについて、「どこで情報を仕入れたの？　なぜ、それが流行《はや》っているのを知っているの？」と訊《き》かれることもあります。

この差は、やはり大きいのです。

「相手が、それを、どういうところで使うか」という場面がビジュアライズ（視覚化）され、映像として見えるかどうかが大事ですし、「それを使ったときに、好感を持って迎《むか》え入れられるか否《いな》か」ということの判断も大事です。

そして、「どう考えても、これは、たぶん、この人をプラスには見せないだろう」ということであれば、やはり、それを売るのを踏みとどまらなくてはいけません。それを売ってはいけないと思うのです。

似合わないものを「似合う」と言って売っても、買った人は、そのうち「似合わない」ということを分かってきます。何回か身に着けているうちに自分でも分かってきますし、他《た》の人も、そのように言うからです。そうすると、「不誠実だ」ということで、次第《しだい》にその店に来なくなります。その結果、「顧客《こきゃく》ロイヤリティー」が失われるわけです。

商品は、いつも同じように見えるかもしれませんが、商品も人を選ぶのです。

したがって、「こちらが売っている」という気持ちがあるうちは、おそらく駄目なのだと思います。

「こちらが売っている」という気持ちではなく、「商品がお客様を選ぶのだ。この商品は、どのお客様を選ぶのだろうか」というような気持ちが、だんだん出てこなくてはなりません。

●**顧客ロイヤリティー**　顧客が、特定の企業の商品やサービスを愛好し、繰り返し利用するような、一種の強い忠誠心（ロイヤリティー）を示すこと。

Point

「商品がお客様を選ぶ」という視点で考えてみよう。
似合わないものを売っていると、
お客様の信頼を失うことになる。

Sales Skills for Women

5 もう一段レベルを上げるために必要な「構想力」とは

さらに、もう一段行くと、先ほども述べましたが、「構想力」が必要になってきます。

「このお客様には何が要《い》るだろうか」と考え、「こういう商品があるとよい」ということが分かるようになると、その商品を取り寄せたり、「こういうものをつくれないか」ということを社内で企画《きかく》して、お願いしたりできるのです。

サービスにおいてもそうです。旅行会社は、パック旅行や「○○コース」

といったコースを、いろいろと持っていると思いますが、「このお客様だったら、こういうものを組み合わせたほうがよいのではないか」と考え、新しいコースも組み合わせたプランを提示するのが望ましいでしょう。

しかし、通常、上からは、「このコース、このパッケージプランを何組消化せよ」というような感じで指示が来ます。

そういうかたちでの営業も当然ありますが、もう一段レベルを上げようとしたら、そのお客様が好むものを独自に考え、「どうアドバイスするか」「どのようにつくるとよいか」というところまで考えないといけないのです。繰《く》り返し使っていただく高額のものの場合には、特にそのようなことがいえます。

Point

そのお客様が好むものを独自に考えて提示する「構想力」で、サービスがレベルアップする。

c h a p t e r

4

記憶《きおく》力・情報力を駆使《くし》する「プロフェッショナルの仕事術」

Sales Skills for *Women*

1 できる店員は顧客《こきゃく》の購入履歴《こうにゅうりれき》や家族構成まで覚えている

リピート客が出てきたら、その人と雑談をしているうちに、いろいろな情報を聞き出し、それを〝水面下〟に潜《もぐ》らせておくことも大事です。

記憶《きおく》力の悪い人の場合、それをきちんとノートやメモに取っておいたほうがよいと思いますが、記憶力がよく、そのまま覚えている人もいます。特に接客関係の人には、記憶力のとてもよい人が多いと思います。

これから先は、本当に「プロフェッショナルの仕事」に入るわけですが、お客様が驚《おどろ》くのは、店員によっては、「いつ何を買ったか」まで覚えているということです。

「あのとき、これをお買いになりましたね。その服には、例えば、これが合いますね」などと言う店員がいると、言われたほうは驚くわけです。

久しぶりに来たお客様であっても、その名前を覚えているし、雑談で話した家族構成まで覚えている店員がいますが、これには、なかなか〝技《わざ》〟が要《い》ります。間違《まちが》えたりすると、たちまち、「大したことはないな」と思われてしまうからです。

例えば、何かを買ったことのある店に行ったとしても、たまたま担当者がいなくて、別の店員が出てきたときに、情報の整理がきちんとできていないと、その店員は、すでに売った商品と同じものを勧《すす》めたりします。こういう店は最悪です。

そういうことをすると、お客様のほうは、「ああ、ここは駄目《だめ》だなあ。勉強していないなあ」と思って、足が遠のくことになります。

リピート客を相手にしている場合には、「この方には、こういうものを売った」ということを、きちんと知っていなくてはいけません。

話を宗教の支部のほうに戻《もど》すと、「支部長は、支部の信者のうち、何人ぐらいの顔と名前を覚えているか。また、どの人がどの研修に出て、どの説法《せっぽう》を聴《き》き、どの本を買い求めたかを覚えているか」ということに置き換《か》えることができると思います。

自分が勧めて、本を買ってもらったのに、「この人は、先月、この本を買った」ということを忘れているようであっては、「かなり間《ま》が抜《ぬ》けている」と言わざるをえませんし、同じ本を、もう一回、勧めたりするようなこともあるかと思います。

そうすると、「ああ、この程度だな」ということが、ばれてしまいます。

ビジネスをやっている人から見れば、それで支部長の能力のレベルが見えてしまうことになります。

ですから、相手と話をしているうちに、人間関係や家庭での悩《なや》みなど、いろいろなことを知り、「この方にとって、今、必要なものは何なのか」ということを考えなくてはなりません。

また、「今まで教団で受けた研修やセミナー、拝聴《はいちょう》した講演、購入《こうにゅう》した本やCD、DVD等は何か」ということを知っており、その上で、「新たに、こういうものが大事なのではないか」ということを提示する能力も大事かと思います。

Point

リピート客が過去に購入した商品や家族の情報等を、正確に覚えていることが大事。

Sales Skills for Women

2

「なかなかできる」と感じた、京都のホテルで体験したサービス

一般《いっぱん》の仕事では、今は、記憶力の一部をコンピュータが担《にな》ってくれている面もあります。もちろん使い方が大事であり、使い方を間違えると失敗しますが、情報を入れておけば、引き出すことができます。

コンピュータのデータの使い方に関して言えば、十年ぐらい前になるかと思いますが、私は次のような経験をしたことがあります。

その日は月曜日だったと思いますが、突然《とつぜん》、思いついて、京都に出かけたのです。

明け方に目が覚めたのですが、今考えれば、おそらく、生霊《いきりょう》がたくさん来ていたのではないかと思われます。

「これではストレスが残る。ちょっと、抜け出して京都にでも行こうか」と思い、明け方ごろ京都のホテルをインターネットで予約し、タクシーに乗って抜け出して、京都に行ったことがあるのです。

予約したホテルは、たまたま、当会の行事か何かの際に使ったことがあるホテルでした。東山《ひがしやま》のほうにある、都《みやこ》ホテル系列のホテルです。

予約したのは明け方なので、夜勤をしていた人が申し込《こ》みを受け取ったはずです。急に予約して午前中にチェックインしたため、向こうは、こちらのことがよく分からず、最初は、三階か四階ぐらいにある、障害者の方が泊《と》まるような、専用の手すりなどが付いている部屋に案内されました。「明け方に予約し、急に来た客」なので、パッとそちらに案内されたわけです。

しばらくその部屋にいて、荷物をほどいたりしていたのですが、三十分もしないうちに、もう少し上の立場の人が来て、「手違いがございました。もう一度、ご案内させてください」と言いました。

そして、私の荷物を持ち、エレベーターで最上階のVIP《ブイアイピー》ルームに私を連れていき、ドアを開け、「こちらでございました」と言って、なかに入れてくれたのです。

そこに行くと、本当は料金が二倍か三倍ぐらいに上がるはずなのですが、最初に申し込んだときの料金のままで、最上階の部屋に上げられました。

ホテル側は、おそらく、私が申し込んだ住所から「誰《だれ》なのか」を割り出したのだと思われます。

朝の四時か五時ぐらいに予約したとき、夜勤の人にはそれが分かる人がいなかったに違いないと思いますが、チェックインしたときには、おそらく、上の役職の人もいたと思うので、「誰であるか」を割り出したのでしょう。「住所」を見て、「以前、泊まった人」の名を調べ、私だと分かったわけです。

そうしたら、こちらに説明は一切《いっさい》せず、「手違いがございました」と言って、下のほうの部屋から、いちばん上にある景色のよい部屋に連れていき、同じ料金のままで使わせてくれたのです。

私は、「なかなかできるなあ」と思いました。直《じか》に本人確認もされないまま、私が行事の際に使うような部屋に移動させられたので、「〝手強《てごわ》い〟なあ。なかなかやるなあ」と思ったのを覚えています。

サービス業の人はなかなか〝手強く〟、このようなものなのです。相手に分からないようにサッとサービスをするのです。このあたりの難しさは、やはり、そうとうなものだと思います。

しかも、「手違いがございました」と言って、自分たちのほうに非があったようなかたちにしました。本当はホテル側に手違いはなかったのです。「急に予約を入れ、当日の午前中に来る人のほうが悪い」といえば、そのとおりなのですが、自分たちに非があるように言っていたのです。

そういうことがあったのを覚えています。

Column

勝負は一秒！ 高級時計を買わせた店員のとっさの行動

先日、銀座《ぎんざ》を散歩していたのですが、前に利用したことのある店のなかをチラッと覗《のぞ》いたら、店内の女性店員と、目が・・・一瞬だけ合ったのです。

その女性は、私を担当していた人ではないので、名前を知らない人なのですが、目が合った瞬間、その人はタタッと走っていき、奥《おく》にいる人に話しかけているように見えました。

私は、その店の前を通り過ごし、歩いていたのですが、三十メートルぐらい歩いたところで、店のなかから、その女性店員が出てきました。そのあと、男性店員も出てきて、私を・・・・・・追いかけてきたのです。

私の担当者は別にいたので、私は、その店員の名前を知りません。ところが、その人に呼び止められ、「先生！ 先生、

Column

先生、店に寄って、コーヒーを一杯《いっぱい》飲んでいってください」と言われました。

三十メートルも追いかけてこられたら、行かないわけにはいかず、しかたがないので戻《もど》りました。


ところが、店内には外国人が何人かおり、立って会議をしているようでした。役員会議か何かのように見えたので、「邪《じゃ》魔《ま》になるから、店に入らないほうがいいんじゃないかと思うんですけど」と言ったら、その店員は、「いやあ、あんなの観光客です。気にしないでください」と言って、入ってからあと、役員を追い出してしまいました。

実は、その店の創業者一家が、ヨーロッパから、銀座に出ている店の視察に来ていたのですが、その店員は、「観光客です」と嘘《うそ》をつき、反対側から創業者一族を追い出して、私を座《すわ》らせたのです。

そのあと、コーヒーが出ましたが、当然、それで終わるわけはありません。コーヒーが〝高くついた〟わけで、今では、(腕《うで》時計を見せて)このような時計になっています(笑)。

勝負は一秒だったのです。

その人が私を見たわけではありません。その人とは別の女性店員が私を見たのです。私が店のなかを一瞬覗いたときに、私と目が合い、その瞬間、その人とパッと連携《れんけい》しました。

これはサッカーのショートパスのようなもので、何人かがパッと連携してシュートを打つ、あのスタイルと同じです。二人で連携し、私を追いかけてきて、買わせたわけです。

Column

これは、そう簡単にできません。

なかを一瞬覗いただけのお客さんを追いかけるには勇気が要《い》ります。

「通り過ぎてしまった。行ってしまった」で諦《あきら》めるのが普通《ふつう》です。連れ戻してきて、役員たちを追い出し、売りつけるのですから、やはり根性《こんじょう》があります。海外から来た自社の外国人役員を追い出す姿勢に、「顧客《こきゃく》第一主義」を感じました。

不況《ふきょう》期に潰《つぶ》れないためには、同業他社との戦いが熾烈《しれつ》です。こちらは覚えていなくても、向こうは覚えているという、「記《き》憶《おく》力の戦い」は大きいと思います。

そういう意味では、「個人がどれだけ客筋《きゃくすじ》を記憶しているか」という、「客筋の記憶」でも、差別化はできるのでしょう。

そういう店員を持っている店に対しては、「なかなか、できるなあ」と思うのです。

『希望の経済学入門』より

c h a p t e r

5

営業・販売《はんばい》に必要な「人物を見抜《みぬ》く力」

Sales Skills for *Women*

1

ネパール寺院購入《こうにゅう》のきっかけをつくった「一言《ひとこと》」

「営業力・販売力」については、次のようなケースもありました。

これは、こちらが売りつけられたというか、お金を払《はら》わされたほうに当たります（笑）。当教団に関係することなので、あまり言うと〝あれ〟なのですが、知っている人もいると思います。

二〇〇五年に、「愛・地球博《はく》」というものが愛知県であり、私も家族と見に行きました。秘書もついてきていましたが、みな、〝汚《きたな》い〟（ラフな）格好をして、ぞろぞろと歩いていたのです。

その会場に、「ネパール館」というものがあり、そのなかには、「ネパール寺院（ハラティ・マタ寺院の復元）」が展示されていました。「わざわざネパールから持ってきて組み立てたのはよいが、解体してネパールまで持って帰ると、費用が高くて赤字になる」と言われていて、そういう記事が新聞か何かに出ていたのは知っていました。

私は〝よれよれ〟の格好をし、運動靴《ぐつ》を履《は》いて会場内を回っていたのですが、ネパール館のなかに入ってみたら、ネパール人の方が責任者としていて、私が仏像などを見て歩いているときに、いきなり日本語で話しかけてきたのです。

日本に何年かいるので、ある程度、日本語が堪能《たんのう》な方だったのですが、「先生でしょう？」と急に言い出しました。私は、「えっ!?」と思って、黙《だま》っていたのですが、「先生でしょう？　先生でしょう？」と言うのです。

秘書の動き方を見て、ある意味で分かったのかもしれませんが、「先生でしょう?」と言い出し、「買ってください」と言ってきたわけです。
それで、仏像等を買い、ネパール寺院まで買ってしまいました。

やはり、その「先生でしょう?」の「一言《ひとこと》」は大きかったのです。

その人はネパール人で、情報を持っていないはずです。本当は私のことを具体的に知っていたわけではないのでしょうが、雰囲気《ふんいき》で見抜《みぬ》き、「この人は、こういうものを買うようなタイプの人であり、実際に買い取れる人である」ということが分かったわけです。

やはり、これは一つの「眼力《がんりき》」でしょう。それによって、「ネパールに持って帰る費用がない」という難題を見事に解決してしまいました。

当会が全部を丸ごと買い取り、それらは、今、総本山《そうほんざん》・正心館《しょうしんかん》（栃木《とちぎ》県宇都宮《うつのみや》市）の「ネパール釈尊館《しゃくそんかん》」（二〇〇六年落慶《らっけい》）に展示されています。

こちらにもニーズがあったことはあったのですが、おそらくは何らかの霊感《れいかん》が働いたのだと推定します。やはり「仏縁《ぶつえん》」なのでしょう。その人は今、当会の有力会員になっています。

Point

人物を見抜く「眼力」が商談成立につながることもある。

ネパール最古の寺院（復元）を展示する「ネパール釈尊館」

ハラティ・マタ寺院（復元）

2005年「愛・地球博」でネパールが展示した「ハラティ・マタ寺院」（復元）は、同国最古の仏教寺院「スワヤンブナート」の寺院の一つ。現在、幸福の科学の総本山・正心館（栃木県宇都宮市）の境内で、さまざまな美術品と共に一般公開されている。

マニ車

燃灯仏

（左）建物の周囲にある108個の「マニ車」。これを回しながら一周すると、経文を読むのと同じ功徳があるとされる。（右）釈尊が過去世でバラモンの青年だったときに、「来世、仏になる」という授記を与えたとされる燃灯仏。

● ネパール釈尊館

〒320-0837 栃木県宇都宮市弥生2-14-3（駐車場有）／参拝をご希望の方は総本山・正心館にお問い合わせください。

Sales Skills for Women

2

〝小さな商談〟がもたらした「ネパールとの深い絆《きずな》」

こちらにとって、それらの購入《こうにゅう》は何億円かの出資にはなりましたが、おかげさまで「ネパールとの深い絆《きずな》」ができました。

当時、ネパール国から日本への年間輸出額は、国レベルで八億円ぐらいしかなかったのですが、当会は、新たにネパール釈尊館を建て、そのなかにネパール寺院を移築し、仏像等まで移したので、総額で五億円ぐらい使っていると思います。

ネパール国としては、八億円の売上に何億円かが急に乗ったわけですが、これは大変なことであり、国を挙げての〝大事件〟に相当します。日本の「円」とネパールの通貨との価値の差は、そうとうあるからです。

その結果、どうなっているかというと、今、ネパールには、当会の大きな支部精舎《しょうじゃ》が建っていますし、当会の信者は何万人もいます。

こうした〝小さな商談〟から当会がお金を出し、向こうは悩《なや》みを解決しました。

一方、当会はというと、ネパールの仏像と建築物等を、自分たちの精舎の一部として展示し、それが一つの拝観《はいかん》の場になっていますし、当会の教えはネパールにも広がっていきました。こういうこともあるのです。

Sales Skills for Women

3

「信用」によって生まれた「win-win《ウィンウィン》の関係」

それをもたらしたのは、基本的には、「来ている人を見分ける力」だと思います。

一緒《いっしょ》に行っていた秘書も知っていると思いますが、そのときに手付金《てつけきん》で払ったのは確か一万円だったと思います。「(手付金は)いくらでもいいですよ」と言われたのですが、「いくらでもいい」と言われても、総額から見たら、「手付金が一万円」というのは、極《きわ》めて危ない話でしょう。

手付金として一万円だけ払ったと思いますが、これで、国宝級の仏像などが、たくさん輸送されてきました。

「これ、大丈夫《だいじょうぶ》かねえ。詐欺《さぎ》に遭《あ》ったら、いったい、どうするのだろう」と、こちらが心配したぐらいです。「詐欺に遭い、国宝級のものを持ち逃《に》げされ、売りさばかれたらどうするつもりだろう」と思ったのですが、当会には「信用」があったのだと思います。

「顧客《こきゃく》ロイヤリティー」ではありませんが、お客様を見て、「この人は大丈夫」と信用する、その信用の大きさが、結局、買ってもらえるものの大きさになっているわけです。

また、私たちも、ただ損をしているわけではなく、ネパール釈尊館を建て、きちんと総本山の機能の一部として取り込《こ》んでいますし、ネパールにも伝道網《もう》が広がっていき、実際、私はネパールで海外講演もしました（二〇一一年三月四日説法《せっぽう》「Life《ライフ》 and《アンド》 Death《デス》」〔生と死〕）。

ネパールと幸福の科学の深い縁

●ネパールで講演会を開催

2011年3月に仏陀生誕の地・ネパールを巡錫し、「Life and Death」（生と死）と題して説法を行った。説法の様子は国営TV等で生中継され、多数の信者が誕生している。

●ネパール支部精舎での活動

2014年8月には、幸福の科学ネパール支部精舎が落慶。

2015年4月のネパール大地震の際には、被災者にネパール支部精舎の敷地・建物を開放するとともに、水や食糧、テント等を供給。現地信者による救援活動や幸福の科学グループ内の基金を通じ、復興支援を行った。

これは、両者にプラスになった取引であり、「win-win《ウィンウィン》の関係」になったものの一つだと思います。

外国人であっても、「人物を見切る眼力《がんりき》」は結構なものだと思います。

私は、ときどき、外国人を相手にして、そういうことを経験しているのです。

Point

「信用」の大きさが、商談の大きさを決める。

私がどういう人間かを一瞬《いっしゅん》で見抜《みぬ》いた ティファニー・ニューヨーク本店の女性店員

Column

私は、外に出かけるときに、けっこうラフな格好をして歩いています。

以前、私が公務でニューヨークに行ったときもそうでした。ニューヨークには、強盗《ごうとう》やスリ、泥棒《どろぼう》がたくさんいるので、なるべく、お金持ちに見せないようにしないと、危なくておちおち街を歩けません。ただ、あまりにも粗末《そまつ》な格好をしていると、高級店などで相手にしてくれない場合もあります。

そのとき、私は、わりに粗末な格好をしていたのですが、ティファニーのニューヨーク本店に立ち寄ったところ、店の人たちは、私に対する対応をサッと変えました。「この人は、粗末な格好をしているが、お金を持っている」と一瞬《いっしゅん》で私のことを見抜《みぬ》いたのです。

Column

なぜかというと、私のそばについている人の態度が違《ちが》っていたからです。私が、いくら普段着《ふだんぎ》や散歩着のような格好をして、安物の装飾品《そうしょくひん》を身につけ、サングラスをかけ、どこの人か分からないようにして歩いていても、実は、そばについている人の態度や振《ふ》る舞《ま》い方を見れば、私がどういう人間であるかの推定がつくわけです。ティファニーの店員は、そういうところを見て私を見破ったのです。

女性の最大の武器は、やはり人を見抜くことにあります。その際に、相手の趣味《しゅみ》まで分かるともっとよいでしょう。そのような、男性を自由に操《あやつ》れる魔法《まほう》を持っている女性が商売をすれば、けっこううまくいくと思いますが、相手の気持ちが読めないタイプの女性、空気が読めず、いわゆる「KY」

と呼ばれるタイプの女性の場合は、あまりうまくいかないことが多いのです。

『不況《ふきょう》に打ち克《か》つ仕事法』より

Sales Skills for Women

4

「黙《だま》っているのが美徳」の日本人にも、まれに積極的な人がいる

日本人の場合、商機があるにもかかわらず、それを使わないでいる人は、けっこういます。「黙《だま》っているのが美徳」というところがあるからでしょうか。日本人には、無表情で反応しないことをもって、美徳としているようなところがあります。あるいは、反応しないように見せることをもって、美徳としているのかもしれません。

大震災《だいしんさい》に遭《あ》っても、みな、黙っておとなしくし、並んで配給を待っているようなところがあるのと同じように、普通《ふつう》のビジネスにおいても、黙ってじっとしているような人は、けっこう、たくさんいます。

もっとも、まれに、「積極的な人」もいます。

今、当会の総務部の部長をしているF氏は、以前、赤坂《あかさか》のほうで理容系の仕事をしており、私は、ときどき、彼の店に行っていました。

その店はホテルか何かのなかにあったと思うのですが、そのなかの個室でやってもらっていました。

初めて利用したとき、仕事中、彼は黙っていたのですが、終わったあと、「私は幸福の科学の、杉並《すぎなみ》の地区長の○○です」と言って、いきなり挨拶《あいさつ》してきたのです。そして、何度目かのときには、色紙を出し、「先生、サインをください」と言いました（笑）。

ただ、私は、「一つの支部や地区の人にサインを書いて出したら、ほかのところにも出さなくてはいけなくなるから」と言って、サインはしませんでした。

最初のとき、彼は三時間ほど、知らん顔をしながら平気で仕事をしていたのですから、なかなかの〝肝《きも》〟の持ち主です。そして、終わったあと、「杉並の地区長です」と来ました。

こちらは、途中《とちゅう》で居眠《いねむ》りをしたり、ゴソゴソ体を動かしたりしていたので、名乗られて、「しまった」と思いました。ただ、そう思うのを知っていても、私が最初からあまり緊張《きんちょう》しないようにしてくれていたのでしょう。

そういう人もいますが、彼には今も営業力がけっこうあるようです。

Point

日本人は、商機があっても、黙ってじっとしてしまう人が多い。

c h a p t e r

6

お客様の心を開《ひら》かせるとっておきの方法

Sales Skills for *W*omen

1

ときには商売を「二《に》の次《つぎ》」にして人間関係を深める

人との関係においては、「相手との距離《きょり》の取り方」「相手のコンディション」「今、相手が考えていること」など、いろいろなものを織《お》り込《こ》まなくてはいけないので、そのへんが難しいところかと思います。

ごり押《お》しをしてはいけないし、相手の機嫌《きげん》を見なくてはいけないし、「相手の状態はどうなのか」ということも見なくてはいけません。いろいろなことを総合的に考えて、仕事をしなければいけないのです。

特に、お客様が疲《つか》れているときや落ち込んでいるとき、天気が悪いときなどに来てくれるような場合、そのお客様は、ある意味で何か会話のようなものを欲《ほっ》していることがあります。

そういうときには、商売は「二《に》の次《つぎ》」にして、まずはお客様との人間関係を深めるべきです。

「何か悩《なや》んでいることがあるのかな。何かで落ち込んでいるか、調子が悪いのかな」というようなことを考え、その気持ちを察して交流しておくと、たとえ、その日の売上にならなかったとしても、別のときに、きちんと売上につながってくるようなところはあるのです。

そのプラスアルファのところ、余力の部分が、実は、長い付き合いをつくっていく秘訣《ひけつ》であると思うのです。

Point

お客様が疲れていたり、落ち込んでいたりするときは、その日の売上につながらなくても、会話等で人間関係を深める。

Sales Skills for Women

2

「顧客《こきゃく》ロイヤリティー」は宗教の信仰心《しんこうしん》に似ている

「顧客《こきゃく》ロイヤリティー」は一般《いっぱん》的なマーケティング用語ですが、宗教としての幸福の科学においては、「顧客ロイヤリティー」ならぬ「信者《しんじゃ》ロイヤリティー」で、信者の信仰心《しんこうしん》の部分を維持《いじ》し、これをずっと養《やしな》っていくことができるようになれば、おそらく、支部に毎月繰《く》り返し来る人が増えてきますし、名前の登録だけではなく、実際に活動する人も増えてくるでしょう。

例えば、当会の支部長が、強制することなく、そういうものを自然に醸《かも》し出し、人を惹《ひ》きつけていく能力を持っていると、信者数が増えていきますし、人数が増えるだけではなく、信者たちがいろいろなことを共有しようとしてきます。そして、次には、信者たちが支部長に代わって、ほかの人を誘《さそ》ってくれたりするようになるのです。

そうしたことは、実は、一般社会においては、「顧客ロイヤリティー」に当たる部分なのです。

要するに、ビジネス、商品を売る仕事においても、新興《しんこう》宗教の信仰心に似たものが立つのです。

店であっても、よい商品を売ったり、よいサービスを提供したりすると、お客様のほうが、勝手に口コミで宣伝をしてくれます。例えば、「いいものを着けているわね。それ、何なの?」と訊《き》かれたら、「どこそこで買った」などと言って、薦《すす》めてくれることになるのです。

Point

ビジネスでも宗教でも、〝信者〟ができると、口コミで宣伝してくれるようになる。

Sales Skills for Women

3

富裕層《ふゆう》が買い物で重視することとは

特に富裕層《ふゆう》になると、買い物に関しては、目も口も、とてもうるさいのです。富裕層だから気前がよいかというと、そうとは限りません。富裕層のほうこそ、「無駄金《むだがね》を使わない」という点では、非常にきちんとしています。安物にも無駄金を使わないのが富裕層なのです。

したがって、富裕層に対しては、金額などを意識させず、「メンタル（精神的）な部分で、いかに満足感を味わってもらうか」ということが大事です。

また、自分は売りたくても、「この人の地位や立場には合わない」「美しく見えない」などというものについては、売らないこと、あるいは売りすぎないことも大事です。

例えば、生活必需品《ひつじゅひん》のレベルで言うと、「赤ちゃんが生まれた」とか、「子供が何人いる」とか、そういう情報があると、「何をどのくらい消費するか」ということの計算が立ちます。そのときに、腐《くさ》らせるほどの量を相手に売りつけてはいけない面はあります。

家庭用の冷蔵庫は、日本では、それほど大きなものではありません。アメリカやオーストラリアでは、各家庭に巨大《きょだい》な冷蔵庫があり、一週間分や二週間分の食料品を蓄《たくわ》えておいたりしますが、日本の冷蔵庫は小さいのです。

牛乳も多く買いすぎたら、期限を過ぎて、腐って悪くなることもありますし、品質が落ちることもあるので、「これは何日以上は冷蔵庫に置いておいてはいけない」ということを考え、相手の家族構成を聞いて、販《はん》売《ばい》量の調整をするところまで気配りのできる店員であれば、生活必需品を扱《あつか》っていても、取り扱いの感じは違《ちが》ってくるでしょう。そういうことが大事です。

Point

富裕層には、「メンタル（精神的）な部分」で満足してもらうことが大事。

Sales Skills for Women

4
「フォロワー層」と「そうでない人」とを見分けよう

ビジネスも宗教も、おそらく基本は同じだろうと思うのです。

まず、「誠実であること」が大事です。「誠実」であってこそ、相手との信頼《しんらい》関係が築けるのです。相手との信頼関係が築け、仕事を超《こ》えた「心の交流」が続くところまで行くと、かなりのところまで到達《とうたつ》していると思います。

その意味では、それぞれのお客様に、「自分に対するサービスをしてもらっている」「自分に対して、よい商品を売ってもらっている」という気持ちを持たせないといけません。

例えば、「あの人も買いました。この人も買いました」というかたちで売りたいレベルの相手のことを、「フォロワー層」といいます。「これと同じものを、スターの○○さんが身に着けていますよ」と言われたら、それが欲《ほ》しくなる人たちです。

「サッカーの本田圭佑《ほんだけいすけ》選手は腕《うで》時計を〝二本着け〟していますよ」と言われると、喜んで腕時計二本をすぐに着けたくなるタイプの人と、そうでない人とを、きちんと見分けなくてはいけません。「本田選手が二本着けているからといって、なぜ俺《おれ》も二本着けなくてはいけないのだ」と考えるタイプの人に、それを勧《すす》めるのはばかげています。

サッカーファンなど、スポーツのファンで、「そういうのは、かっこいい」と思うあたりのフォロワー層の人には、それを勧めてもよいのですが、「それを勧めるような相手ではない」と思う人には勧めないことも大事なのです。

Point

「誠実」であってこそ、相手との信頼関係が築ける。
「フォロワー層であるか」を意識するなど、
それぞれのお客様の好みに応じた商品をお勧めしよう。

Sales Skills for *Women*

5 宝飾品《ほうしょくひん》を扱《あつか》う店で体験した、店員の「高等戦略」

前章で、「ネパール釈尊館《しゃくそんかん》の元になったネパール寺院の買い取り」について述べましたが、別のところで、次のような経験をしたこともあります。

宝飾品《ほうしょくひん》や時計などの高級品を売っている店では、すでに買ってあるものについて、もう一回、磨《みが》きをかけたり、洗ったりしてくれることがあります。店員が、「これを洗ってきます」と言って、パッと席を外し、洗いに行くのですが、そのとき、その前にケースの上に出してあった商品は、そこに置いたままなのです。

ほかには誰《だれ》もいないので、私が「持って逃《に》げよう」と思ったら、持って逃げられるのですが、わざと置いてあるわけです。あれは、商品を持って逃げるような客ではないことを知っているから、できるのでしょうが、こちらはドッキリしてしまいます。

ほかには誰も見ていないのに、商品をケースの上に置いて、ネックレスか指輪か何かを洗いに行っているので、いわば、客である私にその商品の番をさせているわけですが、「客に番をさせる」というのは恐《おそ》ろしいことです。

それを客の側から見たら、「責任感」が生まれてしまい、店員がいない間に取られないよう、周りに気をつけて、見張っていなくてはいけなくなります。もし誰かに持って走られたら、大変なことになります。

そのように、客に「責任感」を持たせるわけですが、客のほうは、待っている間《あいだ》、その商品をじっと見続けるので、見ているうちに、「これは、いいなあ」と思うこともあります。

これは、「考える時間をお客様に与《あた》える」という「高等戦略」なのだろうと思います。

そういうことがあり、すごく印象的でした。

Sales Skills for Women

6

〝心の窓〟が開《ひら》くとき お客様の

ただ、それは、どこででもあってはいけないことだと思います。貴重品をたくさんお客さんの前に置き、勝手にどこかに行っていては、取って逃げられても、しかたがありません。そんなことが当会の支部で多発するといけないので、誰にでもは勧めません（笑）。

「そうとうの額になるようなものを、そのまま目の前に置き、サッといなくなる」ということを、平気でやっているのは、「あなたを信用していますよ」という意思表示だと思いますが、客である私のほうには、責任感がすごく発生したのを覚えています。店員が、なかなか帰ってこないので、困ってしまいました。

ただ、そういうことがあると、何か「抜《ぬ》けがたい感じ」ができてくることはあります。

「なんて無用心な人だ」と、こちらは思っているのですが、「無用心だ」と思わせることで、向こうは、「信頼している」という意思表示をしているわけです。

もちろん、客の素性《すじょう》が分かっていて、「いざとなったら逃げられる相手ではない」ということを知った上での〝犯行〟であることは、分かってはいるのです。

それでも、「『何千万円もする商品をお客様の目の前に展開したまま、店員が席を外していても大丈夫《だいじょうぶ》だ』と考えている」と思わせることで、相手は、もう逃げられなくなるというか、「ここまで信用されると、もう、しかたがないな」という感じになり、〝心の窓〟が開《ひら》いてきます。

人によりけりですが、そういうところがあるのです。

以上、「このような信頼関係を築き、ある程度、相手を信用することも、大事な心掛《こころが》けの一つなのではないか」ということを、私の経験からお話ししました。

Point

「お客様を信頼している」という意思表示が相手に伝わったとき、お客様の〝心の窓〟が開く。

Keyword

営業力・販売力をアップする7つのキーワード

1 **リピーター**

新規顧客をリピート客にし、取引額を大きくしていくことで、
事業は発展する。

2 **ロイヤリティー・マーケティング（顧客ロイヤリティー）**

お客様と信頼関係で結ばれ、〝信者〟にすることで、
お客様が離れなくなり、口コミで広がっていく。

3 **構想力**

ノルマ型・ごり押し型の営業ではなく、
「お客様が必要としているもの」を考え、お勧めすることで、
質の高いサービスを提供することができる。

4 **記憶力・情報力**

お客様の過去の購入履歴や家族情報等を
正確に把握していることで、
「お客様が今、必要としているもの」をお勧めすることができる。

5 **眼力**

「買うタイプの人」「買い取れる人」を見抜く眼力が、
商談成立のきっかけになる。

6 **心の交流**

ときには商売を二の次にしてでも「心の交流」を深めることで、
お客様と、長く続く人間関係を築くことができる。

7 **誠実さ**

「誠実」であってこそ、相手との信頼関係を築くことができる。

c h a p t e r

7

Q&A
「女性の強み」を活《い》かした営業のコツ

Q1

営業に活《い》かせる「女性ならではの強み」について教えてください

「営業とは、人生の総合戦である」ということですが、「男性にはない、女性ならではの強み」を活《い》かしていきたいと思います。営業に活かせる「女性ならではの強み」には、どのようなものがあるでしょうか。

Sales Skills for Women

1 営業における「男性の強み」と「女性の強み」

大川隆法　男性が営業で実績をあげる場合には、どちらかというと、「熱意」があって「エネルギッシュ」であることが大事ですし、「提案力」や「企画《きかく》力」のようなものも、そうとう効いてくると思います。

男性の場合、ある意味では、「こういうものがよい」と断定して言うようなところもあるとは思うのです。

ただ、売る商品などにもよるのかもしれませんが、男性であっても、対人営業、対面営業的なものになってくると、基本的に、ある程度、女性的な感覚がないと、うまくいかないことのほうが多いようです。

あまりにも〝男男《おとこおとこ》〟している人の場合には、もちろん、力仕事的なものをやらせるときにはよいのですが、対人になると、よいとは限りません。

頭がシンプルすぎると、〝力技《ちからわざ》〟ばかりが出て、相手が本当に言いたかったことや聞きたかったこと、考えていたことを、汲《く》み取らないままで処理してしまうことがあります。押《お》し切ってしまうか、事務的、役所的に処理してしまう傾向《けいこう》があるような気はします。

人は、最初から本心をパッと明かしはしないものであり、何重かにくるんでいるものなので、心を開《ひら》かせるのは、それほど簡単なことではありません。

ただ、どちらかというと、女性のほうが、「相手の心を開かせること」が上手な面が多いように思われます。

Point

対人営業や対面営業で「相手の心を開かせる」のは、女性のほうが上手なことが多い。

Sales Skills for Women

2 「口が立ちすぎる営業」の問題点

今の女性は昔とはかなり変わってきており、男性と競争して打ち勝ってきている女性がけっこう多くなっているので、昔と同じようにはいかないかもしれませんが、女性の場合には、基本的に男性よりも体力や体格で見劣《みおと》りすることが多いため、〝威圧《いあつ》的営業〟は、なかなかできるものではありません。

男性の営業員で業績をあげる人のなかには、「体格が、プロレスラーか柔道家《じゅうどうか》か」という感じで、威圧的な営業のできる人がいます。その人が入ってきて、グワーッとやられると、もう買わざるをえないような感じになるのです。
そういう営業が男性にはできますが、女性の場合には、そういう営業は、なかなかできません。

女性のなかにも、口が立つ人は、いることはいるのですが、口が立ちすぎてもいけないところもあります。口が立ちすぎると、小賢《こざか》しくなってしまうところがあるのです。

商品知識が豊富であることはよいのですが、それをどう伝えるかは相手によりけりなので、気をつけないといけません。

その商品の歴史から何から、何でもかんでも、人を捕《つか》まえては必ず話し始めると、リピーターなどには、それをうるさく感じる人もいるので、女性として、「相手の気持ちを読む能力」が必要なのではないかと思います。

私が知っている女性のなかには、自分よりも立場が上の店長であっても、「男性の店長が出てきたら、話がややこしくなり、客が嫌《いや》がる」と思うと、その店長を閉め出す人もいます。

その上司を適当にあしらって遠ざけておかないと、客が逃《に》げるので、「まあまあ、私がやりますから」と言い、一人で接客する場合もあります。

相手に関する情報を持っていて、「相手にとって必要なものは何であるか」を考えてあげることができればよいわけです。

Point

営業で口が立ちすぎると、うるさく感じる人もいる。相手の気持ちを読み、「相手にとって必要な話」をすることが大事。

Sales Skills for Women

3 「女性客への接し方」と「男性客への接し方」の違《ちが》い

女性が同性にものを売る場合にも、もちろん、難しい面があると思います。女性が女性に対して売る場合には、自分の立ち位置はかなり難しいでしょう。

服の店では、だいたい、店の商品を店員が着て歩いています。マネキンの代わりに人間が着て歩いているので、その店の服が似合うような人が、だいたい、店員として採用されていますが、「自分のほうが、あなたより頭もよくて、きれいですよ。これを買えば、私のようになれますよ」

という感じでお客様に売れるかというと、そう簡単にはいかないところがあります。

女性の店員が女性客へ対応する場合は、「相手のほうを立てる能力」が必要ではないかと思うのです。


一方、相手が男性の場合は少し違《ちが》いがあります。

女性客と同様、「心をどう開かせるか」ということが大事になるわけですが、人間として、努力してでもやらないといけないことがあります。それは、「本能的に相手のよいところが見えるような自分」になるように努力しないと、駄目《だめ》だということです。

男性に対して「嫌《きら》いなタイプ」が多い女性は、営業には向いていないのではないでしょうか。「こういう人は好きだけど、これ以外のタイプは、みんな嫌い」というような人は、営業にはあまり向いていないと思うのです。

それぞれのタイプについて、その違いを見分けながら、「このタイプは、こういうところがよい」と考えなくてはいけません。魚にだって種類がたくさんあります。それぞれに「よさ」もあれば「欠点」もあると思うのですが、「よさ」のほうが見えるようでなくてはいけないのです。

貞操《ていそう》観念よろしく、自分の夫、あるいは夫になるべき男性のタイプ一つだけを好み、「ほかの男性は、みんな嫌い」という人であっては、女性の営業員をやっても、商品を売るのは難しかろうと思います。

Point

女性客に対しては、相手を立てる。
男性客に対しては、どのようなタイプの人であっても、「相手のよいところ」を見る。

Sales Skills
for Women

4

営業成績が上がる、相手の「重要感」を高める売り方とは

やはり、個人の好みとは一線を引き、仕事のレベルでは、相手の立場に立って、「この人には、こういうものを使ってもらいたいなあ。こういうものが似合うなあ」と考えたり、「こういうものをお使いになると、もっと便利になりますよ」と言ったりできなくてはなりません。

しかも、それを「上」から言うのではなく、基本的には、相手に「重要感」を与《あた》えるような売り方をしなければいけないのだと思うのです。

例えば、ネクタイを売る場合のことを考えてみましょう。

相手から名刺《めいし》を頂くこともあると思いますが、社名や肩書《かたがき》等を見たら、「この会社で部長や課長を張っている方だったら、このあたりの品が、ちょうどよいかな」と判断できなくてはなりません。

そのためには、日ごろ、いろいろな人をよく見ておかなくてはならないのです。「自分が好きなものは、これだから」ということで、それだけを客にいつも押し付けていても、相手に合わないことがあります。

また、ストライプの柄《がら》の入ったネクタイでも構わない職場と、そうではない職場とがあるので、そのあたりについての勘《かん》も働かなければいけないと思うのです。場違いなものを勧《すす》めると、恥《はじ》をかいてしまいます。

あるいは、「こういうかたちでのレセプションに呼ばれているんだけど、どんな服を着て、どんなネクタイをして行ったらいいかねえ？」と訊《き》かれて、それに対する提案が的外《まとはず》れだったら、プロとしては〝終わり〟になります。

それについて勉強していたら言ってもよいのですが、勉強ができていない場合には、「それについては、あとで確認させていただいてもよろしいでしょうか。調べてみますから」と言う方法もあります。

「分からない」ということを誠実に言い、あとでフォローをかければ、相手にもう一回コンタクトするチャンスができるので、「いろいろと調べてみた結果、そのような場合には、こういう格好をして行かれるのがよろしいとのことです」という返答をすればよいのです。

とにかく、「相手の『重要感』を高める機能」を果たすことができれば、生活必需品《ひつじゅひん》レベルは別として、営業員として差が出てきます。

その差を出していくところで、「相手の値打ちを高める機能」が果たせたら、必ず、営業員としての成績は上がっていくかたちになるはずですし、

「他の人の喜び」が「自分の喜び」にもなるのです。自分もうれしいけれども、相手も喜ぶ。こういう循環《じゅんかん》になります。

「いかにして相手の心を開かせ、相手に重要感を与えるか」が大事です。その元になるのは何かと言うと、「人には、それぞれ違いはあるけれども、それぞれの人の重要感を大事にする」ということだと思います。

欠点ばかりを見たらきりがないので、「相手が重要感を感じるところは何であるか」ということをよく見て取り、相手の欠点を責めるのではなく、重要感のところを満たしていくことが大事なのです。

Point

プロとして必要な専門知識の勉強をしつつ、相手が「重要感」を感じるポイントを押さえた売り方を心掛ける。

Sales Skills for Women

5

男性は「女性からどう見えるか」を気にしている

基本的には、「自分がものを買ったりサービスを受けたりするとき、自分自身で考えて選ぶよりも、こちらのプロの提案を受けたほうが、よい結果になる」と思われるような実績を残せれば、成績は上がっていくことになると思います。

男性は、「女性からどう見えるか」ということを、いつも気にしています。着るものだけではなく、食べ物や飲み物についてもそうですし、趣《しゅ》味《み》の世界においてもそうです。

したがって、「女性はこのように感じるので、こちらを選ばれたほうがいいですよ」ということを、「上」から言うのではなく、上手に伝えることができれば、相手にとってはありがたいことなのです。

そういう意味では、いろいろなところに〝アンテナ〟を張り、知識を仕入れておかなくてはいけません。

ほかの男性などから聞いたことが話の材料になっているかもしれませんが、「それについては、こういう人が、こう言っています」と伝えるのではなく、「うんちく」として上手に使わなくてはいけないのです。

とにかく、男性が求めているのは、たいていの場合、「重要感」なので、営業といっても、「相手がさらに重要感を持てるようにするには、どうしたらよいか」という観点から仕事を進めていけば、たいていは成功します。

Point

いろいろなところに〝アンテナ〟を張り、
仕入れた知識を「うんちく」として上手に伝える。

Sales Skills for Women

6

夫婦《ふうふ》仲を左右する〝家庭内営業〟とは

これは、家庭内でも、たぶん同じです。

夫婦《ふうふ》関係がうまくいかなくなる場合、たいてい、奥《おく》さんのほうが、ご主人に「重要感」を伝えることができず、それに失敗していることが多いと思います。

奥さんとしては、「自分は、こうしてほしい」という気持ちのほうが強く、「自分はこうしてほしいのに、してくれない」という不満でいっぱいなのですが、ご主人のほうはと言うと、例えば、今、たいへん難しい仕事をやっていて、帰宅が遅《おそ》くなったり、休日にも出勤したりしていることがあると思うのです。

それに関して、ご主人は誇《ほこ》りを持っているのに、奥さんが、「それは家族サービスの低下や、私への軽視に当たる」というようなことを言い続けると、当然、夫婦仲は悪くなります。

自分がしてほしいことばかりを言うと、そうなるので、結婚《けっこん》を維持《いじ》する上では、実は、〝家庭内営業〟が非常に大事です。

家庭内で相手の心を開かせ、相手に重要感を与えることが大事なので、専業主婦の方でしたら特にそうかもしれませんが、奥さんは、「どうやって主人の重要感をつくり出し、それを味わわせるか」ということを考えるとよいでしょう。

ところが、ともすれば「男女同権」ということで、少しでもマイナスのことを言われたら、「それはハラスメントだ」と言ったり、「朝食をつくれ」「ゴミ出しをしろ」などとご主人に命じたりする奥さんがたくさんいます。

しかし、お互《たが》いに、「自分の負担を減らし、相手の負担を増やす」ということを、一生懸命《いっしょうけんめい》、いろいろと考えるようになると、関係が険悪になってくることもあります。

ですから、「家庭内営業もあるのだ」ということを知らなくてはいけません。

もちろん、夫が夜遅く帰ってくるのに、「家のなかで着飾《きかざ》り、きれいな格好をしたまま、厚化粧《あつげしょう》をして待っている」というのは大変なことであり、なかなかできないので、たいていは、寝《ね》る直前のスタイルになっているでしょう。

昼間、どこかいいところに出かけていくような格好で、ご主人を〝王様〟のようにお迎《むか》えすることはできないと思います。

しかし、どのような格好をしていようとも、あるいは、化粧を落とし、〝すっぴん〟であろうとも、その外見を何かでカバーする必要があるのではないでしょうか。

夫が夜遅く帰ってくる場合、重要な仕事をし、疲《つか》れていることが多いので、「ねぎらいの言葉」や「感謝の言葉」、「元気づける言葉」、「いたわる言葉」を待っているのですが、そこに「非難の言葉」を投げかけられると、夫婦関係が完全に悪くなります。

「営業は外で働くときのもので、家では違う」と思っているかもしれませんが、マインドそのものは同じなのです。

Point

ご主人に「重要感」を与える
〝家庭内営業〟で、夫婦仲はよくなる。

Sales Skills for Women

7

アットホームな、「いつでもお寄りください」という感じをつくろう

相手の心を開かせて、相手に「重要感」を与える。そして、「安らぎ」も与える。まず、そういう営業を心掛けることが大事です。

お店であっても、このアットホームな感じ、「いつでもお寄りください」という感じがつくれるかどうかがポイントです。

「行ったら、身ぐるみを全部剝《は》がされる」という感じが強いと、やはり、だんだん行けなくなりますが、「いつでもお寄りください」という、家庭と同じような感覚を味わえると、行きやすくなってくるようなことはあるでしょう。

そのあたりで、女性は、男性よりもやや有利な立場にあるのではないかと思います。

男同士だと、若干《じゃっかん》、メンツがないわけではないので、なかなかきついのです。

そういう意味で、「サービス業は高学歴の人を採らない」と言われています。「プライドが高いと頭を下げられないし、相手を引き立てられないので、高学歴の人をサービス業では採用しない」と言われているのです。

それを知って、努力することが大事なのではないかと思います。

Point

お客様が足を運びやすいアットホームな営業では、女性のほうがやや有利である。

c h a p t e r

8

Q&A
支持される政治家となるためにすべきこと

Q2

選挙活動で支持を受けるには、どうしたらよいでしょうか？

選挙活動や宗教の伝道活動について、お伺《うかが》いします。政治や宗教では、商品というかたちではない、「目に見えないもの」を扱《あつか》っています。今回、「信用が大事だ」というお話もありましたが、活動する上で、さらにポイント等がございましたらお教えください。

Sales Skills
for Women

1

現代の政治家は「頭を下げて人々の声を聞くこと」が仕事になっている

大川隆法　政治は、普通《ふつう》の商売とは違《ちが》うと思います。単に、「何かをしてあげて、お金をもらう」ということになると、政治の場合、すぐ賄賂《わいろ》等になってしまいます。そのように、商売とは違う面があるので、気をつけなくてはいけないと思うのです。

ただ、営業とは違うかもしれませんが、やはり、「まめかどうか」ということが大きいような気がします。

例えば、総裁である私が、大講演会等を行うのが得意なので、当会の人は、そういう気分を自分も味わっているのでしょうが、教団職員や幸福実現党の立候補者たちには、それだけ大勢《おおぜい》の人を動員するだけの力は現実にはありません。

それでは、普通の政治家の立場に立ってみると、どのようになるでしょうか。

もちろん、当選したあとや出世したあとには、偉《えら》くなって威張《いば》っていることもあるかとは思います。

しかし、民主主義の原理においては、「威張っている人の首を切る」ということが基本システムであり、謙虚《けんきょ》でなければ当選しないようになっているので、「頭を下げる」ということと、「頭を下げながら、同時に、人々の声を聞く」ということが、今の政治家の仕事なのだろうと思うのです。

当会の人たちは、宗教団体の一員として、「神の声を聞く」「仏の声を聞く」「先生の声を聞く」「上にある者の声を聞く」ということはよくでき、「声聞《しょうもん》」ができるだろうとは思います。しかし、「民《たみ》の声を聞く」ということのほうは、それほどできなくて、今、よく嫌《きら》われる、いわゆる「上から目線」になっていることが多いのではないでしょうか。そのように思います。

Point

現代の政治家には、「まめであること」と「謙虚に頭を下げ、人々の声を聞くこと」が求められている。

●**声聞**　「仏の声を聞く者」の意で、元来は釈尊の説法を聞く直弟子《じきでし》を指した。

Sales Skills for Women

2

「上から目線」の説教では話を聞いてもらえない

各個人では少し違うかもしれないので、全部を「十把《じっぱ》一絡《ひとから》げ」にして言うことはできないと思います。しかし、幸福実現党について言えば、選挙でよく負けているように見えるので、組織の力が、どうも活《い》きていないように思えます。

結局、一言《ひとこと》で言うと、「やればやるほど票が減っている可能性もあるのではないか」という印象も、少し受けているのです。

やればやるほど票が減る理由は何でしょうか。

商売等であれば、客が減る理由には、「商品が悪い」場合と、「サービスが悪い」場合と、この両方があります。先ほど言ったように、「買ったあと後悔《こうかい》する」ということがありますし（本書第3章参照）、「そのサービスを受けて、がっかりする」ということもあります。

例えば、銭湯に行って入浴して、お湯がぬるくて風邪《かぜ》をひいたなら、もう二度とその銭湯には行きたくないでしょう。

これと似たようなことがあるかもしれません。

一生懸命《いっしょうけんめい》やっているのに票が入っていない理由の一つは、もしかすると、沖縄《おきなわ》の人が言っているような、「上から目線」に見えているからかもしれません（注。二〇一五年四月五日、沖縄県の翁長《おなが》知事は、菅官房長《すがかんぼうちょう》官《かん》との会談において、「（官房長官が）上から目線の『粛々《しゅくしゅく》』という言葉を使えば使うほど、（沖縄）県民《けんみん》の心は離《はな》れる」と述べた）。

要するに、先生役、教師役として、〝無知文盲《むちもんもう》の人たちに説教を垂《た》れている〟つもりで選挙運動をやっても、聞くほうは、聞けば聞くほど嫌《いや》になるのです。

そのため、「古くからいる人がついてきて、新規の人がさらに増えていく」というかたちになるのではなく、「古い人は離れていき、新規の人は立ち止まらず、話を聞き逃《のが》してしまう」というかたちになっている可能性がかなり高いと思います。

その意味では、「上から目線」あるいは「説教型」です。

キリスト教の一派では、十二月になると、街頭で、「悔《く》い改めなさい」という呼び掛《か》けをよくやっているところもありますが、人々は、幸福実現党に対しても、そのようなものを感じ取ってしまうのでしょう。

民主主義の選挙では、「選ばれるほうより選ぶほうが偉い。国民が主権者だ」ということになっているのですが、幸福実現党の候補者の場合、この原理を理解していない可能性が高いと思います。

「政治の原理」と「宗教の原理」には違いがあります。「昔は政教一致《いっち》だった」と言っても、今は、政治家は選挙で選ばれているので、選ぶ人のほうが〝偉い〟のです。

これは、選挙だけではなく、商売でも同じです。「お客様が偉い。お客様は神様です」と言われているように、買ってくださる方、お金を出してくださる方が偉いわけです。

売るほうが威張っているのは銀座の寿司《すし》屋ぐらいであり、普通のところでは、それは許されません。「俺《おれ》の寿司を食べて、ケチをつけるのか」などと言えるのは特別なところであり、普通のところでは、それはまずできませんし、客を選べないことが多いのです。

まず、「上から目線になっていないかどうか。選挙活動が説教口調になっていないかどうか」ということに、気をつけたほうがよいのではないかと思います。

Point

民主主義の選挙では、選ばれるほうよりも、選ぶほうが〝偉い〟ため、「上から目線」では支持を得られない。

Sales Skills for Women

3

「民《たみ》の声に聞く耳を持っているか」が問われている

それから、もう一つ、「こちらが一方的に教える側に立っていて、一般《いっぱん》の人たち一人ひとりの訴《うった》えを聞いていないのではないか。あるいは、言わせないようにしているのではないか」ということに、気をつけたほうがよいのではないかと思うのです。

一人ひとりに、やはり政治に期待するものがあって、「このようにしてほしい」「あのようにしてほしい」という気持ちはあるのですが、「聞く耳を持っているかどうか」が問題です。

さらに、「それを実行してのける行動力があるかどうか。また、組織があるのなら、組織を使う力、それを動かせる力があるかどうか。このへんの信頼感《しんらい》があるかどうか」も問題でしょう。

「投票しても、それが、無駄票《むだ》というか、死に票になってしまう」という感じが強いと、やはり票が減るいっぽうだと思います。

投票行動から見るかぎり、基本的に、幸福実現党への信頼感は、かなり低いように見えます。おそらく、「幸福実現党は、お願い事をしても聞いてくれない」と思われているのでしょう。

賄賂を取る政治家の評判は悪いわけですが、賄賂を取っている人たちは、少なくともお願い事を聞いてくれていることが多いのでしょう。ですから、賄賂を取らずして、聞いてあげることが大事です。

他党では、長く務めているベテラン議員であっても、自分の選挙区内の冠婚葬祭《かんこんそうさい》に全部出ていたり、選挙区内で徹底《てってい》的に買い物をしたりしています。そのように、まめに足を運んで顔を見せている人も多いのですが、幸福実現党には、そういうまめさが少し足りない感じはします。

ピラミッド型組織における、上からの勤務評定《ひょうてい》は気になるのでしょうが、「実は有権者に〝勤務評定〟をされていて、票が〝勤務評定〟になっている」ということが、あまり意識されていないのではないかと思われるのです。

これは、宗教としても、勉強しなくてはいけない点なのではないかと思います。今、選挙では、当会にとって有利な展開がなされてはいませんが、考え方を変えることで、もっともっと大きなチャンスが生まれてくるのではないかと思います。

Point

政治家は「票数」が〝勤務評定〟になっている。

「民の声に聞く耳を持っているか」「それを実行する行動力と組織力があるか」を見られている。

Sales Skills
for Women

4

個人としての「営業サービス能力」を向上させよう

当会の場合、基本的には、「お上型《かみがた》」というか、第1章で述べた「役所型」になっているケースが多いのではないでしょうか。

組織を動かさなくてはできないこともあるかもしれませんが、何か問題を聞いたら、少なくとも、自分一人ででも、それを解決してあげようと努力するような姿勢を持たなくてはなりません。「そのあたりを忘れているのではないか」という気はします。

選挙に関しては、空中戦のような感じでの広告、街宣車を使っての宣伝、組織戦としてのビラ配りなどは得意なのだと思いますが、個人としての「営業サービス能力」のようなものについては、かなり低いところがあるのではないかと思います。

努力しているとは思うのですが、「『村・町・市・県のレベルで必要なものは何なのか』ということについて構想し、企画《きかく》して提案する能力は、まだまだ足りていないのではないか」という気がしています。

ですから、幸福実現党の敗因を一言《ひとこと》で言えば、「上から目線」の一点にほぼ絞《しぼ》られると思われます。

宗教のなかにおいては、そのようなかたちになっていることもあります。支部には社会的地位の高い人がたくさんいますが、そういう人であっても、支部長の言うことはきかなくてはなりません。しかし、このような宗教的論理を、ほかのところでも通用させようとしても、そうはいきません。

イスラム教のように、政治と宗教がほとんど一致している場合であれば、たぶん通用するでしょうが、まだ、「宗教を選べて、さらに、やめることもできる。無宗教の選択《せんたく》もありうる」という選択肢《し》のなかでは、威張れない状況《じょうきょう》にはありません。

おそらく、そのあたりが原因だと思うのです。

Point

「営業サービス能力」を高め、問題を聞いたら、自分一人ででも解決してあげようとする姿勢を持つことが大事。

Sales Skills for Women

5

支援《しえん》者の「一票の値打ち」を上げるには、どうすればよいかを考えよう

候補者がすごく魅力《みりょく》的で、群《むら》がるように人が集まってくるのであれば、話は別ですが、たいていは、動員をかけないかぎり、そうはならないと思います。

悪い報告は、基本的には、私のところにあまり上がってこないのですが、「幸福実現党の候補者が集会を開くと、やるたびに、だんだん参加者が減ってくる」という話も聞きます。

支部で人を集めると、最初は義理で百人ぐらい集まるのですが、二回目になると減り始め、五十人、三十人、二十人、五人と、だんだん減っ

てきます。「参加者が減ってくるのを知ったら、ほかの人も抜《ぬ》けていくので、ますます減ってくる」という話を聞くのです。

厳しいことですが、これは、やはり、「審判《しんぱん》を受けている」と思わざるをえません。みな、お金も惜《お》しいけれども、時間も惜しいわけで、お金と時間を割《さ》いてまでやることには、それだけの価値を見いださなければいけないのです。

その人の話に値打ちがあれば、聞きに来るかもしれませんが、話にそれほど値打ちがない場合には、逆に、来てくださる人たちの値打ちを上げなければいけないわけです。

「応援《おうえん》に来てくれるみなさんのために、自分には何ができるか」「支援してくれる方々の一票の値打ちを上げるには、どうしたらよいか」ということを考えていくことが大事ではないかと思うのです。

しかし、当会の今の選挙活動を見れば、「税務署の署員が立候補しても票が入らないであろう」と思われるのと同じようになっているのではないでしょうか。

本人が気がつかないうちに、「あ、税務署の人だわ。嫌よね。あの人たちが来ると、本当に、すぐ税金をかけられて、嫌な思いをする」などと言われている状態に、やや似た感じになっているかもしれません。

Point

話の値打ちを高めるとともに、「応援してくれる人たちの一票の値打ちを上げるために、自分は何ができるか」を考えよう。

Sales Skills for Women

6

「田舎《いなか》に住む父親や母親に伝わるか」を考えてみる

もしかしたら、信者のなかには、「選挙の活動がなかったら、もっと楽に活動ができるのに」という思いがあるかもしれません。

これは、候補者に「説得の技術」が足りないからかもしれませんし、もう一つには、「分かりやすい言葉で話す」ということが、まだ十分にできていないからではないかと思います。

東京などの会場で、賢《かしこ》い人たちに話すときには、それほどレベルを落とせないのは間違いないと思うのですが、地方の会場で話すときや主婦の目線で話すときには、「同じ内容を相手に分かる言葉で伝える」という変換《へんかん》訓練が必要なのではないでしょうか。

例えば、「田舎《いなか》に住む、自分の父親や母親に、その政策を伝えるとしたら、どのような言葉で話すだろうか。同じ内容を分かりやすく伝えるとすれば、どのようになるだろうか」と考えて、それを頭のなかで想定してみると、選ぶ言葉は少し違ってくると思うのです。

「自分の田舎にいる、父親、母親、おじさん、おばさん、いとこ、おじいさん、おばあさん等は、この内容を言われて分かるだろうか。分からなかったら、分かるようにするには、どうしたらよいだろうか」と考え、言葉選びの訓練をしないといけません。

難しい話がよく分かる都市部と、そうではないところとでは、差をつけなくてはいけないのですが、逆に、自分を偉く見せたくて、難しく言う人もいます。これには、やはり問題があります。

例えば、「消費税率が何パーセントに上がりました」ということを言い、数字だけで話を通してしまうこともありますが、「去年、大根の値段が○○円だったのに、今は××円になっているんですよ」というようなことを言うと、分かりやすいのです。そのように、「具体的なことを言われると分かる」ということもあります。

ですから、「どうやったら相手に分かりやすいか」ということを考えていくとよいのです。

一般の人に向けて話すのは、識者《しきしゃ》たちに話をするのとは別だと思います。

総裁である私が出している本や意見のなかには、総理大臣以下の政治家やマスコミの人たちに向けて発している情報もあります。

社説など、彼らの新聞の紙面から見て、グッとレベルの落ちるような話ばかりしていたら、相手にされないこともあるので、それに応じたレベルのものを出してはいますが、それを広く末端《まったん》まで伝えていくときには、やはり、分かりやすい言葉で話さないと通じないところはあります。

このへんについては、先ほど述べた「上から目線」と同じで、まだまだ、「生徒が逃げられない環境《かんきょう》下での授業」のような状況になっている感じが強いのではないかと思います。

当会も、海外のキリスト教会のように、支部長が説法《せっぽう》したあと、帽子《ぼうし》を回し、「任意で献金《けんきん》を入れてよい」というようなかたちにすると、その献金額は、支部によって、ものすごい違いが出てくるだろうと思います。

結局、内部的には、ある程度、強制力が働いているのですが、「外部には働かない」ということを、まだ十分に理解できていないところが大きいのではないでしょうか。

Point

「地方と都市部」「一般の人と識者」など、相手に合わせた言葉選びの訓練をしよう。

あとがき

本書は、古典的名著、デール・カーネギーの『人を動かす』の日本女性版かもしれない。

しかし、内容的には、知識的に書いているところは少なく、ほとんどが私自身の実体験を通して、感じ、考えてきた内容である。その点、女性たちにも、具体的《ぐたいてき》・実践的《じっせんてき》な人生テキストとして受け入れてもらえるのではないかと思う。

仕事柄《がら》、私に直接アプローチして来られるのは、百貨店《ひゃっかてん》や専門店のトップクラスの得意先係や営業員であることが多い。実際に、日本のトップレベルのセールスレディたちを知っていることが、本書の強みとなっている。

本書の題材になった方々には、この場を借りて感謝申し上げたい。また私に「男の美学」を教えて下さった方々に、心から「有難《ありがと》うございました。」とつけ加えておきたいと思う。

二〇一五年　五月二十九日

幸福《こうふく》の科学《かがく》グループ創始者兼総裁《そうししゃけんそうさい》　大川隆法《おおかわりゅうほう》

『女性が営業力・販売力をアップするには』関連書籍

『不況に打ち克つ仕事法』(大川隆法 著 幸福の科学出版刊)
『幸福のつかみ方』(同右)
『希望の経済学入門』(同右)
『実戦マーケティング論入門』(同右)

女性《じょせい》が営業力《えいぎょうりょく》・販売力《はんばいりょく》をアップするには

2015年6月6日　初版第1刷
2023年8月1日　　　第2刷

著者　大《おお》川《かわ》隆《りゅう》法《ほう》

発行所　幸福の科学出版株式会社
〒107-0052 東京都港区赤坂2丁目10番8号
TEL(03)5573-7700
https://www.irhpress.co.jp/

印刷・製本　株式会社 研文社

落丁・乱丁本はおとりかえいたします

ISBN978-4-86395-680-3 C0030
カバー他 lyeyee/Shutterstock.com, Peddalanka Ramesh Babu/Shutterstock.com
装丁・イラスト・写真（上記・パブリックドメインを除く）©幸福の科学

大川隆法ベストセラーズ・仕事力を高めるヒント

仕事への言葉

あなたを真の成功へと導く仕事の極意が示された書き下ろし箴言集。ビジネスや経営を通して心豊かに繁栄するための100のヒントがここに。

1,540円

実戦マーケティング論入門

経営を成功に導くための市場戦略

総合商社でのニューヨーク勤務と巨大非営利事業の経営成功体験から、抽象論になりがちな「マーケティング論」を"実戦"に即して入門解説。

1,650円

仕事と愛

スーパーエリートの条件

仕事と愛の関係、時間を生かす方法、真のエリートの条件——。仕事の本質と、具体的な方法論が解き明かされるビジネスマン必携の書。

1,980円

不況に打ち克つ仕事法

リストラ予備軍への警告

不況のときほど、会社に頼りにされる社員とは？ 仕事に対する基本的な精神態度からビジネス論・経営論の本質まで、厳しい時代を勝ち抜くための一書。

2,420円

※表示価格は税込10%です。

大川隆法ベストセラーズ・女性の生き方を考える

女性らしさの成功社会学

女性らしさを「武器」にすることは可能か

男性社会で勝ちあがるだけが、女性の幸せではない──。女性の「賢さ」とは？「あげまんの条件」とは？ あなたを幸運の女神に変える一冊。

1,650円

稼げる男の見分け方

富と成功を引き寄せる10の条件

仕事の仕方や性格など、「出世するオトコ」は、ここが違う！ 婚活女子、人事担当者必読の「男を見抜く知恵」が満載。男性の自己啓発にも最適。

1,650円

夫を出世させる「あげまん妻」の10の法則

これから結婚したいあなたも、家庭をまもる主婦も、社会で活躍するキャリア女性も、パートナーを成功させる「繁栄の女神」になれるヒントが、この一冊に！

1,430円

限りなく優しくあれ

愛の大河の中で

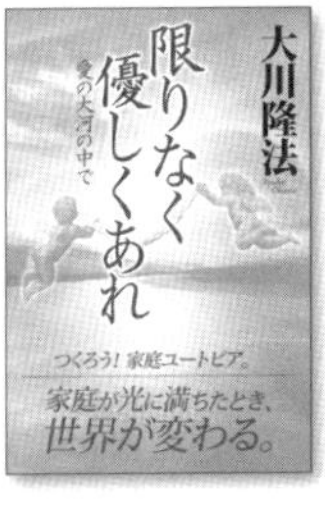

愛こそが、幸福の卵である。霊的視点から見た、男女の結婚、家庭のあり方や、愛の具体化の方法が、日常生活に即して語られる。

1,650円

大川隆法ベストセラーズ・危機の時代を生き抜くために

コロナ時代の経営心得

未来への不安は、この一書で吹き飛ばせ！逆境を乗り越え、真の発展・繁栄の王道を歩むための「経営の智恵」が凝縮された100の言葉。

1,540円

減量の経済学

やらなくてよい仕事はするな

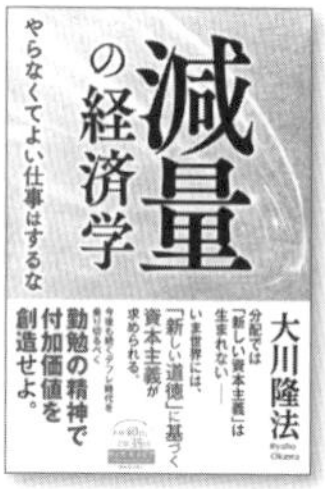

バラマキや分配では未来はない。今こそ勤勉の精神を取り戻すとき──。仕事や家計、政府の政策の"無駄"を見極める、本当の「新しい資本主義」を提言。

2,200円

サバイバルする社員の条件

リストラされない幸福の防波堤

能力だけでは生き残れない。不況の時代にリストラされないためのサバイバル術が語られる。この一冊が、リストラからあなたを守る！

1,540円

希望の経済学入門

生きていくための戦いに勝つ

不況期でも生き残る会社、選ばれる人はいる！厳しい時代だからこそ知っておきたい、リストラや倒産の危機から脱出するための秘訣。

1,650円

※表示価格は税込10%です。

大川隆法ベストセラーズ・スピリチュアル幸福論

人生の迷いに対処する法

幸福を選択する４つのヒント

「結婚」「職場の人間関係」「身体的コンプレックス」「親子の葛藤」など、人生の悩みを解決して、自分も成長していくための４つのヒント。

1,650円

アイム・ハッピー

悩みから抜け出す５つのシンプルなヒント

思い通りにいかないこの人生……。そんなあなたを「アイム・ハッピー」に変える、いちばんシンプルでスピリチュアルな「心のルール」。

1,650円

心を癒す　ストレス・フリーの幸福論

人間関係、病気、お金、老後の不安……。ストレスを解消し、幸福な人生を生きるための「心のスキル」が語られた一書。

1,650円

幸福へのヒント

光り輝く家庭をつくるには

家庭を明るくするには？　中年男性の自殺を防ぐには？　家庭の幸福にかかわる具体的なテーマについて、人生の指針を明快に示した、珠玉の質疑応答集。

1,650円

幸福の科学出版

大川隆法ベストセラーズ・地球神エル・カンターレの真実

メシアの法

「愛」に始まり「愛」に終わる

「この世界の始まりから終わりまで、あなた方と共にいる存在、それがエル・カンターレ」──。現代のメシアが示す、本当の「善悪の価値観」と「真実の愛」。

2,200 円

大川隆法　東京ドーム講演集

エル・カンターレ「救世の獅子《しし》吼《く》」

全世界から５万人の聴衆が集った情熱の講演が、ここに甦る。過去に 11 回開催された東京ドーム講演を収録した、世界宗教・幸福の科学の記念碑的な一冊。

1,980 円

永遠の仏陀

不滅の光、いまここに

すべての者よ、無限の向上を目指せ──。大宇宙を創造した久遠の仏が、生きとし生けるものへ託した願いとは。

1,980 円

信仰のすすめ

泥中の花・透明な風の如く

どんな環境にあっても、自分なりの悟りの花を咲かせることができる。幸福の科学の教え、その方向性をまとめ、信仰の意義を示す書。

1,650 円

※表示価格は税込10%です。

大川隆法ベストセラーズ・幸福に生きるヒントをあなたに

初期
質疑応答
シリーズ
第1〜7弾!

【各 1,760 円】

「エル・カンターレ 人生の疑問・悩みに答える」シリーズ

幸福の科学の初期の講演会やセミナー、研修会等での質疑応答を書籍化。一人ひとりを救済する人生論や心の教えを、人生問題のテーマ別に取りまとめたＱＡシリーズ。

1 人生をどう生きるか
2 幸せな家庭をつくるために
3 病気・健康問題へのヒント
4 人間力を高める心の磨き方
5 発展・繁栄を実現する指針
6 霊現象・霊障への対処法
7 地球・宇宙・霊界の真実

1

2

3

4

5

6

7

幸福の科学グループのご案内

宗教、教育、政治、出版などの活動を通じて、地球的ユートピアの実現を目指しています。

幸福の科学

一九八六年に立宗。信仰の対象は、地球系霊団の最高大霊、主エル・カンターレ。世界百六十九カ国以上の国々に信者を持ち、全人類救済という尊い使命のもと、信者は、「愛」と「悟り」と「ユートピア建設」の教えの実践、伝道に励んでいます。

（二〇二三年七月現在）

愛

幸福の科学の「愛」とは、与える愛です。これは、仏教の慈悲《じひ》や布施《ふせ》の精神と同じことです。信者は、仏法真理をお伝えすることを通して、多くの方に幸福な人生を送っていただくための活動に励んでいます。

悟り

「悟り」とは、自らが仏の子であることを知るということです。教学《きょうがく》や精神統一によって心を磨き、智慧《ちえ》を得て悩みを解決すると共に、天使・菩薩《ぼさつ》の境地を目指し、より多くの人を救える力を身につけていきます。

ユートピア建設

私たち人間は、地上に理想世界を建設するという尊い使命を持って生まれてきています。社会の悪を押しとどめ、善を推し進めるために、信者はさまざまな活動に積極的に参加しています。

海外支援・災害支援

幸福の科学のネットワークを駆使し、世界中で被災地復興や教育の支援をしています。

毎年２万人以上の方の自殺を減らすため、全国各地でキャンペーンを展開しています。

公式サイト **withyou-hs.net**

自殺防止相談窓口

受付時間　火～土:10～18時（祝日を含む）

TEL **03-5573-7707**　メール **withyou-hs@happy-science.org**

視覚障害や聴覚障害、肢体不自由の方々と点訳・音訳・要約筆記・字幕作成・手話通訳等の各種ボランティアが手を携えて、真理の学習や集い、ボランティア養成等、様々な活動を行っています。

公式サイト **helen-hs.net**

入会のご案内

幸福の科学では、大川隆法総裁が説く仏法真理《ぶっぽうしんり》をもとに、「どうすれば幸福になれるのか、また、他の人を幸福にできるのか」を学び、実践しています。

入会

仏法真理を学んでみたい方へ

大川隆法総裁の教えを信じ、学ぼうとする方なら、どなたでも入会できます。入会された方には、『入会版「正心法語《しょうしんほうご》」』が授与されます。

入会ご希望の方はネットからも入会申し込みができます。

happy-science.jp/joinus

三帰《さんき》誓願《せいがん》

信仰をさらに深めたい方へ

仏弟子としてさらに信仰を深めたい方は、仏《ぶっ》・法《ぽう》・僧《そう》の三宝《さんぽう》への帰依を誓う「三帰誓願式」を受けることができます。三帰誓願者には、『仏説・正心法語』『祈願文《きがんもん》①』『祈願文②』『エル・カンターレへの祈り』が授与されます。

幸福の科学 サービスセンター
TEL 03-5793-1727
受付時間／
火～金：10～20時
土・日祝：10～18時
（月曜を除く）

幸福の科学 公式サイト
happy-science.jp

ハッピー・サイエンス・ユニバーシティ

Happy Science University

ハッピー・サイエンス・ユニバーシティとは

ハッピー・サイエンス・ユニバーシティ(HSU)は、
大川隆法総裁が設立された「日本発の本格私学」です。
建学の精神として「幸福の探究と新文明の創造」を掲げ、
チャレンジ精神にあふれ、新時代を切り拓く人材の輩出を目指します。

人間幸福学部　経営成功学部　未来産業学部

HSU長生キャンパス TEL **0475-32-7770**
〒299-4325 千葉県長生郡長生村一松丙 4427-1

未来創造学部

HSU未来創造・東京キャンパス
TEL **03-3699-7707**
〒136-0076 東京都江東区南砂2-6-5　公式サイト **happy-science.university**

学校法人 幸福の科学学園

学校法人 幸福の科学学園は、幸福の科学の教育理念のもとにつくられた教育機関です。人間にとって最も大切な宗教教育の導入を通じて精神性を高めながら、ユートピア建設に貢献する人材輩出を目指しています。

幸福の科学学園
中学校・高等学校(那須本校)
2010年4月開校・栃木県那須郡(男女共学・全寮制)
TEL **0287-75-7777** 公式サイト **happy-science.ac.jp**

関西中学校・高等学校(関西校)
2013年4月開校・滋賀県大津市(男女共学・寮及び通学)
TEL **077-573-7774** 公式サイト **kansai.happy-science.ac.jp**

仏法真理塾「サクセスNo.1」

全国に本校・拠点・支部校を展開する、幸福の科学による信仰教育の機関です。小学生・中学生・高校生を対象に、信仰教育・徳育にウエイトを置きつつ、将来、社会人として活躍するための学力養成にも力を注いでいます。

TEL 03-5750-0751（東京本校）

エンゼルプランV

東京本校を中心に、全国に支部教室を展開。信仰をもとに幼児の心を豊かに育む情操教育を行い、子どもの個性を伸ばして天使に育てます。

TEL 03-5750-0757（東京本校）

エンゼル精舎

乳幼児が対象の、託児型の宗教教育施設。エル・カンターレ信仰をもとに、「皆、光の子だと信じられる子」を育みます。
（※参拝施設ではありません）

不登校児支援スクール「ネバー・マインド」

TEL 03-5750-1741

心の面からのアプローチを重視して、不登校の子供たちを支援しています。

ユー・アー・エンゼル！（あなたは天使！）運動

障害児の不安や悩みに取り組み、ご両親を励まし、勇気づける、障害児支援のボランティア運動を展開しています。

一般社団法人 ユー・アー・エンゼル
TEL 03-6426-7797

NPO活動支援

学校からのいじめ追放を目指し、さまざまな社会提言をしています。また、各地でのシンポジウムや学校への啓発ポスター掲示等に取り組む一般財団法人「いじめから子供を守ろうネットワーク」を支援しています。

公式サイト mamoro.org　ブログ blog.mamoro.org
相談窓口 TEL.03-5544-8989

幸福の科学 百歳まで生きる会～いくつになっても生涯現役～

「百歳まで生きる会」は、生涯現役人生を掲げ、友達づくり、生きがいづくりを通じ、一人ひとりの幸福と、世界のユートピア化のために、全国各地で友達の輪を広げ、地域や社会に幸福を広げていく活動を続けているシニア層（55歳以上）の集まりです。

【サービスセンター】TEL 03-5793-1727

シニア・プラン21

「百歳まで生きる会」の研修部門として、心を見つめ、新しき人生の再出発、社会貢献を目指し、セミナー等を開催しています。

【サービスセンター】TEL 03-5793-1727

幸福実現党

内憂外患《ないゆうがいかん》の国難に立ち向かうべく、2009年5月に幸福実現党を立党しました。創立者である大川隆法党総裁の精神的指導のもと、宗教だけでは解決できない問題に取り組み、幸福を具体化するための力になっています。

幸福実現党 党員募集中

あなたも幸福を実現する政治に参画しませんか。

＊申込書は、下記、幸福実現党公式サイトでダウンロードできます。
住所：〒107-0052
東京都港区赤坂2-10-8 6階 幸福実現党本部

TEL **03-6441-0754**　FAX **03-6441-0764**
公式サイト **hr-party.jp**

HS政経塾

大川隆法総裁によって創設された、「未来の日本を背負う、政界・財界で活躍するエリート養成のための社会人教育機関」です。既成の学問を超えた仏法真理を学ぶ「人生の大学院」として、理想国家建設に貢献する人材を輩出するために、2010年に開塾しました。現在、多数の市議会議員が全国各地で活躍しています。

TEL **03-6277-6029**
公式サイト **hs-seikei.happy-science.jp**

幸福の科学出版

大川隆法総裁の仏法真理の書を中心に、ビジネス、自己啓発、小説など、さまざまなジャンルの書籍・雑誌を出版しています。他にも、映画事業、文学・学術発展のための振興事業、テレビ・ラジオ番組の提供など、幸福の科学文化を広げる事業を行っています。

アー・ユー・ハッピー？
are-you-happy.com

ザ・リバティ
the-liberty.com

幸福の科学出版
TEL **03-5573-7700**
公式サイト **irhpress.co.jp**

THE FACT

YouTubeにて随時好評配信中！

ザ・ファクト
マスコミが報道しない
「事実」を世界に伝える
ネット・オピニオン番組

ザ・ファクト　検索

NEW STAR PRODUCTION

ニュースター・プロダクション

「新時代の美」を創造する芸能プロダクションです。多くの方々に良き感化を与えられるような魅力あふれるタレントを世に送り出すべく、日々、活動しています。 公式サイト **newstarpro.co.jp**

ARI Production

ARI《アリ》 Production《プロダクション》

タレント一人ひとりの個性や魅力を引き出し、「新時代を創造するエンターテインメント」をコンセプトに、世の中に精神的価値のある作品を提供していく芸能プロダクションです。 公式サイト **aripro.co.jp**

大川隆法　講演会のご案内

大川隆法総裁の講演会が全国各地で開催されています。講演のなかでは、毎回、「世界教師」としての立場から、幸福な人生を生きるための心の教えをはじめ、世界各地で起きている宗教対立、紛争、国際政治や経済といった時事問題に対する指針など、日本と世界がさらなる繁栄の未来を実現するための道筋が示されています。

022年7月7日 さいたまスーパーアリーナ
甘い人生観の打破」

2019年7月5日 福岡国際センター
「人生に自信を持て」

2019年10月6日 ザ ウェスティン ハーバーキャッスル トロント（カナダ）
「The Reason We Are Here」

2011年3月6日 カラチャクラ広場（インド）
「The Real Buddha and New Hope」

2019年3月3日 グランド ハイアット 台北（台湾）
「愛は憎しみを超えて」

講演会には、どなたでもご参加いただけます。
最新の講演会の開催情報はこちらへ。⟹

大川隆法総裁公式サイト
https://ryuho-okawa.org